O EVANGELHO É UM SANTO REMÉDIO

Solicite nosso catálogo completo, com mais de 350 títulos, onde você encontra as melhores opções do bom livro espírita: literatura infantojuvenil, contos, obras biográficas e de autoajuda, mensagens espirituais, romances, estudos doutrinários, obras básicas de Allan Kardec, e mais os esclarecedores cursos e estudos para aplicação no centro espírita – iniciação, mediunidade, reuniões mediúnicas, oratória, desobsessão, fluidos e passes.

E caso não encontre os nossos livros na livraria de sua preferência, solicite o endereço de nosso distribuidor mais próximo de você.

Edição e distribuição
EDITORA EME
Caixa Postal 1820 – CEP 13360-000 – Capivari-SP
Telefones: (19) 3491-7000 | 3491-5449
Vivo (19) 99983-2575 ◎ | Claro (19) 99317-2800 | Tim (19) 98335-4094
vendas@editoraeme.com.br – www.editoraeme.com.br

Joseval Carneiro

O EVANGELHO É UM SANTO REMÉDIO

Capivari-SP
— 2017 —

© 2017 Joseval Carneiro

Os direitos autorais desta obra foram cedidos pelo autor para a Editora EME, o que propicia a venda dos livros com preços mais acessíveis e a manutenção de campanhas com preços especiais a Clubes do Livro de todo o Brasil.

A Editora EME mantém, ainda, o Centro Espírita "Mensagem de Esperança" e patrocina, junto com a Prefeitura Municipal e outras empresas, a Central de Educação e Atendimento da Criança (Casa da Criança), em Capivari-SP.

5ª reimpressão – abril/2017 – de 10.501 a 11.500 exemplares

CAPA | Joseval Carneiro Júnior
  Nori Figueiredo
DIAGRAMAÇÃO | Editora EME
REVISÃO | Mariana Messias dos Santos

Ficha catalográfica

Carneiro, Joseval, 1941
  O Evangelho é um Santo Remédio / Joseval Carneiro –
5ª reimp. abr. 2017 – Capivari-SP: Editora EME.
  184 p.

  1ª edição : dez. 2006
  ISBN 978-85-7353-356-9

1. Evangelho – Terapia – Autoajuda.
2. Evangelização. 3. Espiritismo.
                                               CDD 133.9

Sumário

Apresentação da obra e do autor 9
Nota à 2ª edição 11
Prefácio 13
Agradecimento 15

I	– Perdão faz bem à saúde	19
II	– Otimistas resistem mais às doenças	21
III	– Solidão mata	23
IV	– O poder da oração	25
V	– Depressão	27
VI	– Confiança	31
VII	– Mau humor crônico	35
VIII	– Cirurgia espiritual	37
IX	– Sociabilidade agiliza o cérebro	39
X	– Indústria de armas	41
XI	– Murmurações	43
XII	– Psiconeuroimunologia	45
XIII	– Países mais felizes	47
XIV	– Economizando energias	49

XV	– Quando a solidão faz bem	51
XVI	– Atitudes positivas curam	53
XVII	– Respeitando o estresse	57
XVIII	– O valor do perdão	61
XIX	– Cantar faz bem	63
XX	– A fé cura	65
XXI	– A fé dos atletas	67
XXII	– Humor e esperança auxiliam no tratamento	69
XXIII	– Quarenta por cento dos brasileiros sofre de estresse	71
XXIV	– Remédio para tudo	75
XXV	– Ser feliz	77
XXVI	– Treinamento para a felicidade	79
XXVII	– Desequilíbrios	83
XXVIII	– Avaliando as religiões	87
XXIX	– Depressão: causas e prevenção	89
XXX	– Cefaleia orgástica	93
XXXI	– A semeadura é livre, a colheita é obrigatória	95
XXXII	– O remédio da esperança auxilia no tratamento	99
XXXIII		
	– Loucura	101
	– CAPÍTULO ESPECIAL	103
	– As bem-aventuranças	103
	– O evangelho também traz felicidade	109

Saúde e vida 131

I	– Melhor-idade: viver melhor	159

II	– Longevidade	167
III	– Longevidade e solidariedade	169
IV	– Longevidade e serviço	171
V	– Longevidade e alegria	173
	– Casamento	179

*Quando a caridade é muito discutida,
o socorro chega tarde.*
Bezerra de Menezes

Apresentação da obra e do autor

PARTICIPANDO ATIVAMENTE do movimento espírita, o confrade Joseval Carneiro tem demonstrado grande sensibilidade ao voltar seu trabalho, sobretudo, para o conhecimento do Evangelho.

Em complemento a esse labor, eis que o dedicado companheiro lança, agora, mais um livro: *O evangelho é um santo remédio*, no qual nos exorta a proceder de modo a alcançarmos uma vida sadia, orientando-nos em diferentes situações para que tenhamos o comportamento que se espera de um cristão.

Usando uma linguagem clara e precisa, o autor nos brinda com uma série de ideias positivas, objetivando que o ser humano encontre o equilíbrio mental, e rejeitando, consequentemente, tudo quanto possa interagir de maneira negativa.

Inveja, raiva, ciúmes, melancolia e inúmeras outras causas de sofrimento interior são pelo autor observadas, sempre no intuito de nos conduzir à compreensão de quantos males podem nos causar esses sentimentos. Por outro lado, Joseval ressalta o inestimável valor do pensamento positivo, levando-nos ao entendimento de quanto ele é necessário, vez que pode até curar-nos de graves enfermidades, pois com a mente podemos comandar as nossas defesas interiores, tornando mais fácil a superação dos problemas.

Outra questão de suma importância que o autor aborda é o problema da cura pela fé, oferecendo-nos exemplos de trabalhos efetuados neste sentido, seja por pessoas daqui ou do exterior. São fatos recolhidos pelo escritor para melhor compreensão dos que tiverem a felicidade de ler seus ensinamentos, os quais, embora simples, são inegavelmente de grande valia.

Joseval Carneiro não para por aí e envereda também por uma das doenças do que denominamos "mundo moderno": o estresse, apontando, contudo, para nossa felicidade, os meios de evitá-lo. Relaxamento, tolerância, meditação, isolamento, pequenas coisas que são boas medidas a serem adotadas para uma vida mais tranquila e saudável, tudo isto observado com o devido carinho para conduzir-nos à leitura do Evangelho – que ele indica como "um santo remédio".

Com a mente descansada, busquemos assimilar tantas lições preciosas ditadas pela voz da razão e do coração. *O evangelho é um santo remédio* deve ser lido por espíritas e não-espíritas, pois suas páginas não têm conotação daquela doutrina e não objetivam, consequentemente, obter a adesão de novos adeptos aos princípios kardecistas.

Sem dúvida alguma, nesta obra todos encontrarão a formação cristã de um escritor que prima por ser claro em suas colocações sobre os problemas humanos, sempre pautando seus ensinamentos no Evangelho consolador.

Gilberto Santos – **Jornalista**

Nota à 2ª edição

DIZEM QUE ESCREVER E COÇAR é só começar. Assim costumo fazer, sem pretensão, acrescendo aqui e ali, restando, de repente, uma obra interessante, como acabo de constatar, modéstia à parte, ao reler O EVANGELHO É UM SANTO REMÉDIO a pedido da Editora, com vista a eventuais correções.

Com efeito, notamos, também, nas listas de livros mais vendidos publicadas pelas revistas de circulação nacional, um interesse inusitado pelas obras de autoajuda, como se a sociedade industrial moderna (não apenas dos países do primeiro mundo, mas, inclusive, dos emergentes) carecesse de um antídoto eficaz em face das agruras da vida. Todavia, muitos ainda não encontraram respostas convincentes para os males que afligem suas almas, por falta da internalização de conceitos que incluam a vida após a vida, a lei de causa e efeito e a Justiça Divina, capaz de resgatar nossas atuais imperfeições, a caminho do Mundo Maior, enfim, da almejada paz interior, pacificando as nossas mentes.

Assim, ao entregarmos esta obra ao público – não apenas aos profitentes espíritas, como aos aficcionados e, sobretudo, aos que buscam explicações para o sofrimento e ainda não refletiram sobre as poderosas lições do Evangelho, a despeito das justificativas da ciência, que a elas se adequa e interage – esperamos haver contribuído, mesmo que de forma singela, para o crescimento individual, a saúde e o bem-estar coletivos.

Joseval Carneiro

Prefácio

NOS ÚLTIMOS TEMPOS instalou-se um oportuno e interessante debate sobre a saúde, a doença, as causas dos agravos e os procedimentos capazes de proteger as pessoas contra os sofrimentos que os estados patológicos provocam. Tal debate, antes reservado aos cientistas, especialistas e estudiosos do assunto, hoje é desenvolvido junto à sociedade como um todo, envolvendo pessoas de todas as idades, tornando a discussão mais calorosa e mais útil ao objetivo de fazer da saúde um bem comum.

Os meios de comunicação de massa, com os recursos de que dispõem, têm um papel importante, levando a informação e disseminando pouco a pouco o conhecimento que, no futuro, permitirá que todos assumam a responsabilidade que cabe a cada um de manter sua própria saúde através de práticas saudáveis.

JOSEVAL CARNEIRO, com o humanismo que lhe é peculiar, traz mais uma contribuição. Desta vez sob o sugestivo título de que **O evangelho é um santo remédio**, mostrando a importância dos ensinos de Jesus e de sua prática como instrumento de preservação da saúde, bem como de seu restabelecimento quando objeto de algum agravo. Neste sentido, traz como ilustrações relatos e resultados de trabalhos de pesquisadores de diversas áreas, de modo que o leitor tem à sua disposição a análise de concepções atuais sobre o papel que cada um pode representar na construção de sua saúde, ou de sua doença, o que torna este livro um coadjuvante na luta pela conquista da saúde plena, que é a preocupação da medicina biopsicossocioespiritual, em discussão no âmbito das Associações Médico-espíritas.

Assim, a leitura desta obra induz a reflexões sobre a importância do amar, do perdoar, da oração, do cultivar bons hábitos, bem como da promoção da felicidade própria e das outras pessoas. Ressalta ainda o papel da atitude positiva perante a vida como forma de evitar o estresse, um dos grandes fatores de sofrimento e de perda da saúde, sobretudo na sua dimensão psíquica.

ILDEFONSO DO ESPÍRITO SANTO
Ex-Presidente da Associação de Medicina e Espiritismo da Bahia.
Ex-Presidente da Federação Espírita do Estado da Bahia.

Agradecimento

RECEBI DO QUERIDO MESTRE, amigo e confrade, professor Divaldo P. Franco, de quem tive a honra de ser aluno no curso primário, afetuosa missiva, a quem pedimos licença para transcrever, dada sua condição de maior orador e escritor espírita da atualidade, o que fazemos com alegria e justo orgulho:

"Meu abençoado Joseval.

Jesus sempre conosco!
Somente ontem retornei de longa viagem européia. Após o Congresso Mundial de Espiritismo em Paris, segui a Portugal, onde estive em visita a vinte e duas cidades, divulgando nossa querida doutrina.
Aqui encontro suas notícias amigas e O EVANGELHO É UM SANTO REMÉDIO, que irei ler na primeira oportunidade.
Antecipadamente parabenizo-o pelo trabalho iluminante e pelo seu significado em favor da saúde e do bem-estar das criaturas.

Abraçando-o, formulo votos de muito êxito na divulgação da obra.

Sempre dedicado, servidor em Jesus,

DIVALDO FRANCO"

Junto a tantas joias que o médium tem distribuído de estímulo e esclarecimentos espirituais, pela sua psicografia anotamos nesta obra a mensagem ditada pelo Espírito Joanna de Ângelis:

"Ação do pensamento sobre a saúde é incontestável.

Vejamos alguns exemplos:

a ansiedade estimula a secreção de adrenalina, que sobrecarrega o sistema nervoso e o descontrola;

o pessimismo perturba o aparelho digestivo e produz distúrbios gerais;

o medo, a revolta, são agentes de úlceras gástricas e duodenais de curso largo.

Da mesma forma, a tranquilidade, o otimismo, a coragem, são estimulantes que trabalham pela harmonia emocional e orgânica, produzindo salutares efeitos na vida."

I Parte

Garantindo a paz e a vitória interior

Do instrutor Áulus, no livro **Nos domínios da mediunidade (FEB)**, psicografado por André Luiz através do médium mineiro Chico Xavier, recolhemos estas recomendações muito úteis para solucionar o problema do antagonismo e da antipatia contra nós, e mantermos uma aura boa e elevada. Vejamos:

1) A melhor maneira de extinguir o fogo é recusar-lhe combustível.
2) A fraternidade operante será sempre o remédio eficaz ante as perturbações dessa natureza.
3) Cristo nos aconselha três atitudes de saúde:
   a) O amor aos adversários;
   b) o auxílio aos que nos perseguem;
   c) a oração pelos que nos caluniam.

Seguir isto é garantia de nossa paz e de nossa vitória.

1
Perdão faz bem à saúde

PESQUISA MÉDICA RECENTE confirmou o que já se suspeitava: o perdão sincero, com real esquecimento do fato, produz bem à saúde das pessoas que perdoam. Um trabalho do psicólogo Fred Luskin, da Universidade de Stanford, nos Estados Unidos, publicado no Brasil sob o título *O poder do perdão*, mostra que remoer o que já aconteceu e viver em função disso não apenas atravanca a mente e as possibilidades de ser feliz, mas derruba o sistema imunológico, abrindo as portas para o câncer e toda sorte de infecções. Ele informa que as mágoas endurecem o coração (ao pé da letra) e aumentam as chances de infarto.

Luskin iniciou um trabalho para ajudar pessoas acometidas por mágoas, convencendo a Universidade a criar o *Projeto de Stanford para o perdão*. Ele afirma que as mágoas são fontes de estresse e que perdoar é uma questão de treinamento.

Seu projeto já envolve milhares de pessoas em aulas e *workshops*. Falando sobre o 11 de setembro e as Torres Gêmeas, Luskin cita um provérbio árabe: "Confie em Alá, mas amarre seu camelo", isto é, não guarde mágoa, mas tenha cuidado. "*A gente pode perdoar Bin Laden, para não viver de amarguras, mas se deve fazer todo o possível para se proteger, encontrar Osama e entregá-lo à Polícia*", conclui.

No ano 2000, o pessoal da Stanford tomou um grupo de católicos e protestantes, que viviam na Irlanda do Norte em prolongado conflito religioso, e os treinou para o perdão, reduzindo o estresse e a depressão.

Médicos da Universidade de Washington, nos Estados Unidos, descobriram que quando se guarda mágoas ou rancor, mais de nove entre dez pessoas experimentam um aumento da frequência cardíaca, da pressão arterial e da sudorese, e maior quantidade de hormônios que anunciam estresse.

Jesus ensinou-nos a volver a outra face, perdoar não apenas sete vezes (respondendo a uma pergunta), mas setenta vezes sete. Perdoar é esquecer.

Disse, também:

— Tende a prudência das serpentes.

II

Otimistas resistem mais às doenças

ESTUDOS CIENTÍFICOS REALIZADOS por médicos da Universidade de Wisconsin, Estados Unidos, concluíram que pessoas otimistas resistem mais facilmente às doenças.

Com efeito, pessoas tristes, deprimidas, tendem a somatizar os problemas, isto é, trazê-los "do espírito" para o corpo somático, para o físico.

Pessoas há que vivem acabrunhadas, são incapazes de sorrir. Têm uma visão crítica da vida. Enxergam problemas em tudo. Vivenciam o lado negro das coisas. Enfim, carreiam, em torno de si, aspectos deprimentes, negativos, refletindo nas pessoas que as rodeiam. Criam uma atmosfera pessimista, desagregadora, com reflexos no seu próprio íntimo.

Ao contrário, pessoas otimistas, alegres, colaborativas, solidárias, atraem para si mesmas as simpatias de todos. Seu ego é massageado pelas homenagens e afetos que elas mesmas provocam. Amam e sabem ser amadas. Carregam o sentimento íntimo do dever cumprido. Algumas empresas dão preferência, ao contratar, a pessoas alegres, otimistas, sorridentes, porque criam uma atmosfera agradável na organização.

Cientistas da Universidade do Texas, nos Estados Unidos, acompanharam durante sete anos 1.558 idosos que gozavam de boa saúde. Os que tinham uma visão otimista da vida apresentavam menos sinais de envelhecimento, de declínio físico, de perda de peso, mais força e disposição ao caminhar. Já na Universidade de Kentucky, também nos Estados Unidos, por 15 anos o neurologista e professor David Snowdown acompanhou 678 freiras, entre 75 e 103 anos de idade, de uma congregação espalhada por sete cidades americanas, para descobrir as causas do mal de Alzheimer, um tipo de doença senil. E descobriu, pesquisando em 200 diários escritos por estas religiosas, que as mais longevas usavam, aos 22 anos de idade, mais palavras que identificavam emoções positivas como felicidade, amor, gratidão e esperança. Ao contrário de outras, assinaladas com expressões como tristeza, indecisão e vergonha, que viveram dez anos menos.

Portanto, tristezas não põem mesa.

III

Solidão mata

ESTATÍSTICA EFETUADA nos Estados Unidos comprova que os viúvos que voltam a casar-se (ou que arrumam uma nova companhia) têm vida mais longa do que os que continuam a viver sozinhos.

Quem tem espiritualidade, por exemplo, e os que se dedicam a um empreendimento meritório, às tarefas de auxílio, não têm tempo de sentir solidão.

O homem é um ser gregário. Nasceu para viver em convívio com outros seres. A interação com outras pessoas traz uma aura de felicidade, um sentimento participativo.

O estado de ermitão é uma exceção à regra. Alguns conseguem suportar, mas, no geral, viver com os outros e para os outros faz muito bem para a saúde física e mental.

Estima-se que mais de um milhão de japoneses entre 16 e 30 anos, 80% deles do sexo masculino, vivam isolados, em pequenas moradias, tendo por atividade falar ao telefone, ouvir música, navegar na internet ou assistir TV, comportamento tido como doença pela literatura médica, ou *hikikomori* (isolado da sociedade).

Jesus amou a todos indistintamente. Embora tivesse

muitos irmãos, saiu pelo mundo a pregar e a amar, dizendo, em certa ocasião: *"Quem é minha mãe, quem são meus irmãos?"*, referindo-se a todos, à humanidade em geral. Não se isolou no círculo familiar. Ao contrário, abraçou a humanidade, curando, pregando, sofrendo, ensinando. Desprendendo-se de si mesmo, fez-se exemplo de que o homem não nasceu para viver só.

Buda abandonou o conforto de um lar bem provido, e, motivado pelo bem-estar do próximo, saiu pelo mundo a auxiliar aos que precisam.

Autoestimar-se é glorificar-se a si mesmo.

IV

O poder da oração

NA INGLATERRA, UM HOSPITAL realizou uma experiência de orar por um grupo de pacientes em uma determinada Unidade de Terapia Intensiva – UTI –, o tempo de internamento e recuperação dos mesmos foi bastante reduzido, sem que os mesmos soubessem que estavam sendo beneficiados com as preces. E ficou constatado que o tempo de permanência na UTI foi bastante inferior comparativamente com os que nenhuma oração receberam.

Com efeito, estudos científicos recentes demonstram que o cérebro ao entrar em oração, o chamado estado "alfa", emite uma energia capaz de ser utilizada, de forma produtiva. A mente é capaz, com o pensamento, de mover a tecla de um computador, acionar determinados sistemas elétricos, enfim comandar.

Ao orar o ser humano emite, pois, uma energia poderosa, capaz de influenciar outras pessoas.

Todos conhecemos, por vivência ou experiência de vida, o poder magnético de uma mãe, acalentando um filho enfermo, no leito de dor. Sabemos desse seu poder que emana da prece, esse orvalho divino que aplaca o calor das lutas e aflições. Da força das suas súplicas ditadas pelo coração. Em Salvador, um Juiz aposentado adoeceu gravemente. Pessoa muito querida, conhecido pelos seus esforços em ajudar jovens concursandos em seus recursos ante reprovações em questões polêmicas. Foi responsável pela efetivação de significativo número de juízes, promotores, delegados de polícia, procuradores, defensores, advogados da União. Submetido a rigorosa cirurgia, que amputou-lhe parte dos intestinos, passou a fazer uso de uma bolsa com um dreno. Em um momento crítico, quando na UTI, muitos dos que foram por ele ajudados, oraram fervorosamente, pedindo intercessão por aquela alma generosa. Foram atendidos. A bondosa criatura recebera a visita, em espírito, no quarto da UTI, de um homem que nunca vira antes, nem em fotografia, de barbas brancas, que se comunicara com ele dizendo-lhe que recebera a missão de fazer-lhe uma visita e ajudá-lo. Inexplicavelmente, ele teve uma súbita melhora, que surpreendeu os médicos que o assistiam.

Já recuperado, narrou o fato, contando que havia visto um homem de barba branca, que dada a descrição, poderia ser o famoso médico brasileiro doutor Bezerra de Menezes, que viveu no Rio de Janeiro, desencarnado em 1900, conhecido por sua grande bondade e poder de cura. Providenciaram uma foto do médico, que o professor prontamente reconheceu como sendo a pessoa que vira em seu quarto de hospital. As orações dos seus "afilhados" haviam sido atendidas.

V

Depressão

DE CADA 10 BRASILEIROS, um sofre de depressão. Na maioria das vezes, a causa é a ansiedade por padrões de vida mais elevados, em geral incentivada pela mídia televisiva, pelas cenas luxuosas de residências suntuosas, que não traduzem, absolutamente, o que se passa em verdade com a grande maioria do povo brasileiro. Sabe-se que a renda está concentrada em menos de 10% da população e que a chamada classe A reduz-se a mísero 1%. Claro que não se deseja "nivelar por baixo", mas proporcionar a subida de todos na escala econômico-social, posto que conquanto o reino de Deus não esteja neste mundo, pode-se experimentar a felicidade aqui mesmo na Terra, na medida em que compartilhemos da divisão do "bolo".

A realidade é que quase sempre estamos insatisfeitos com o que **temos**, quando poderíamos ser mais felizes apenas usufruindo o que **somos**. Em vez de valorizarmos o **ter**, emprestar mais valor ao **ser**.

Com o título *Futilitários – Armadilha para depressão*, o jornal *A Tarde*, maior periódico do Norte/Nordeste, em matéria assinada por Cláudio Bandeira, enfocou alguns aspectos que contribuem para a depressão: não ter carro novo, ser reprovado em concurso, sentir-se inútil, perder o emprego, não fazer amigos ou manter relacionamento afetivo, carregar culpa, querer manter padrão de beleza ou estética imposto pela televisão, dentre outros. É simples concluir que na maioria das vezes valorizamos o **ter** em detrimento do **ser**. Citando o psiquiatra Bernardo Assis Filho, o comentário diz que na década de 80 detectou-se existirem mais de 250 formas de depressão. Mas o neuropsiquiatra David Servan Schreiber, da Universidade de Pittsburg, nos Estados Unidos, alerta que muita gente usa antidepressivos sem necessidade. Refere-se à popularização da fluoxetina (Prozac). O IMS Health, órgão consultivo da saúde nos Estados Unidos, assinalou que foram gastos US$ 8 bilhões/ano com os antidepressivos conhecidos pela sigla ISRS, em todo o mundo, na década de 90. Em 2003, tal cifra pulou para US$ 10,9 bilhões. Revelou que o marketing da indústria farmacêutica, segundo o mesmo Instituto, centrou suas baterias para esse tipo de consumidor, atacando o mercado, inclusive os médicos não especialistas, com gastos da ordem de US$ 21 milhões em publicidade e investimentos.

O pesquisador Shroeder aponta algumas medidas preventivo-curativas da depressão:

1º) Viver o presente. Olvidar o passado. Evitar a tendência regressiva de reviver acontecimentos desagradáveis.

2º) Fazer terapia do sono. Deitar-se e levantar-se, se possível, sempre à mesma hora, para habituar o relógio biológico. No sono recuperamos o equilíbrio homeostásico dos fluidos, a química do organismo. Para os espíritas, reencontramo-nos com outros Espíritos, viajamos, trabalhamos, instruímo-nos. Reavaliamos o programa para esta reencarnação e aceitamos com resignação as provas por que temos de passar, as reconciliações. Recuperamo-nos física e mentalmente.

3º) Praticar exercícios com habitualidade, continuadamente. Uma simples caminhada de 20 minutos ao dia, três vezes na semana, é um bom fator terapêutico. Além disso, auxilia no tratamento de outros problemas, como a obesidade, evita os acidentes cardiovasculares e reduz o estresse.

4º) Alimentar-se corretamente. Ingerir em maior quantidade o chamado ômega 3, encontrado em peixes de águas profundas e frias como salmão e sardinha, pois tal substância age sobre os radicais livres. Consumir, também em maior quantidade, vegetais verde-escuros, como brócolis e couve (item 11 da quarta parte desta obra), que são ricos em ferro. Os asiáticos são o povo que tem o menor índice de acidente vascular cerebral do mundo. Fazem, com naturalidade, dieta de peixe, inclusive cru. Tem vida longeva e mais imune às doenças.

5º) Amar. Massagear o próprio ego. Dar e receber afeto. Os familiares desempenham importante participação nessa tarefa. Relacionamentos afetivos desenvolvem estímulos positivos. Evitar a crítica mordaz e persistente.

6º) Ter religiosidade. Acalentar a ideia de que há um ser superior que nos governa e dirige. Ter fé e orar, com a crença firme de que isso ajuda ("e como ajuda", dizemos nós).

7º) Finalmente, **verificar a existência de causas químicas,** como insuficiência de noradrenalina e dopamina, substâncias segregadas por glândulas endócrinas, que desempenham papel importante nos neurotransmissores, em vista das chamadas sinapses.

Dessa forma, as pessoas mais simples e humildes poderiam ser tão ou mais felizes que as abastadas, cujos padrões econômicos ou patrimoniais são, em alguns casos, motivos de sofrimento.

O Evangelho de Jesus ensina-nos, no Sermão da Montanha, capítulo das Bem-aventuranças, a sermos humildes, mansos e pacíficos.

VI

Confiança

UM HOMEM QUE SOFRIA de câncer na mama (sim, homem também possui mamas), a partir da fortificação da sua confiança, principalmente graças à ajuda de sua companheira, passou a conviver com a doença e a controlar seu avanço. Há um caso real, relatado pela prestigiosa revista *Seleções* de *Reader´s Digest*, que narra a história de uma enfermeira, portadora de leucemia, que conhecera um jovem engenheiro, que dela se apaixonara, em uma festa, na Finlândia, e que recusara a prosseguir com o namoro, alegando ser portadora de insidiosa doença e não poder deixar o rapaz enganado, na esperança de um casamento que não poderia se consumar, mas, dada a insistência do moço apaixonado, consentiu em casar-se.

Depois de algum tempo, enquanto submetia-se regularmente a tratamento radioativo, seu esposo pediu-lhe que lhe desse um filho. Objetou que não poderia engravidar recebendo tratamento radioterápico e que este não deveria ser interrompido, mas como desejasse ver o marido feliz, resolveu suspender o tratamento e engravidou.

Qual não foi a surpresa quando, ao fazer a avaliação

mensal da doença, que reduz os glóbulos vermelhos na circulação sanguínea, constatou que à medida que a gravidez avançava, sua doença estacionava e até regredia. E, com grande felicidade para o casal, ao término da gestação já não havia mais vestígios da leucemia.

Pesquisa realizada pelo Instituto Nacional de Envelhecimento, dos Estados Unidos, publicada no jornal da Associação Americana de Psicologia, divulgou um trabalho da Universidade de Yale, concluindo que a percepção positiva da vida aumenta em cerca de sete anos e meio a expectativa de vida. As pessoas que têm uma visão favorável do envelhecimento têm vida mais longa, segundo um estudo com homens e mulheres com mais de 50 anos, realizado em Ohio, Estados Unidos, que acompanhou seus hábitos e ideias, passados 23 anos das anotações. Pesquisadores da famosa Clínica Mayo, em Minnesota, Estados Unidos, também anunciaram que os pessimistas morrem mais cedo, após estudarem as fichas dos seus pacientes 30 anos mais tarde.

A maneira como as pessoas administram suas vidas e encaram as adversidades, não se deixando abater ante os problemas e tendo "jogo de cintura", faz toda a diferença, concluiu a psicóloga Carmen Neme, da Universidade Estadual Paulista (Unesp), de Bauru, em sua tese de doutorado. Examinando 130 pacientes com câncer, Carmen verificou que 70% deles haviam passado por dissabores, como perda de entes queridos e grandes frustrações. A perda mais acentuada ocorre na morte de um cônjuge.

Para se prevenir, eis alguns passos: **lembre-se que não há mal que dure para sempre, dê um passo de cada vez, calcule com exatidão o prejuízo, celebre suas vitórias, rejeite rótulos e dê risada à vontade.**

A fé, a confiança, a esperança, a certeza de um Pai Misericordioso, da ajuda Divina, de que a vida não se constitui somente nesta encarnação, fortificam o ânimo, o espírito, e contribuem para a melhora geral.

Do equilíbrio da mente, resulta o do corpo físico, pois somos aquilo que pensamos.

VII

Mau humor crônico

OU DISTIMIA, COMO TAMBÉM é conhecido, pode ser provocado por fatores genéticos, ambientais e psicológicos. Dentre estes últimos, estão os conflitos em casa, superproteção ou educação rígida. Pode predispor a pessoa à depressão.

São sinais da distimia (mau humor):
- Irritabilidade constante
- Isolamento
- Fadiga crônica (cansaço, falta de energia)
- Baixa autoestima
- Pessimismo e falta de esperança
- Perda de interesse e prazer no cotidiano (nada agrada)
- Agressividade
- Perda de peso ou apetite em excesso
- Insônia ou hipersonia (sono em excesso)
- Nas crianças se incluem dificuldades no aprendizado, medo e indecisão.

O mau humor crônico causa verdadeiro estrago no organismo, como seja: depressão, enxaqueca, dores nas costas, tremores, sudorese, cólicas abdominais, prisão de ventre, alteração da pressão arterial, dores musculares, dores no estômago e má digestão.

Empresas nos Estados Unidos, na seleção de empregados, quase sempre excluem os mal-humorados.

Um antídoto para o mau humor é praticar exercícios regularmente. Ioga e massagens também são boas alternativas.

Educar-se e treinar-se para cumprimentar as pessoas. "Bom dia", "boa tarde", "como vai', "com licença", "desculpe" e "sinto muito", entre outros, são antídotos contra o mau humor. A carranca mal-humorada não faz bem aos outros e, principalmente, a si próprio. O valor de um sorriso é inestimável. É prova de que a pessoa está de bem com a vida, que ama a si mesma, porque ninguém pode amar ao próximo sem amar-se também.

Dr. Steve Allen Jr., professor da Universidade Estadual de Nova Iorque, destaca o papel do humor no auxílio à cura das doenças e faz palestras regularmente em hospitais sobre o valor do bom humor e do riso.

Steven Sultanoff, ex-presidente da Associação para o Humor Terapêutico e Aplicado, diz que o humor parece fazer aumentar os anticorpos que combatem as doenças respiratórias e as infecções, diminuir a presença do hidrocortisona na corrente circulatória e aumentar a tolerância à dor.

Pesquisas da Universidade de Maryland descobriram que as pessoas que riem menos têm 40% mais probabilidade que as outras de sofrer doenças cardíacas.

VIII

Cirurgia espiritual

UMA EQUIPE DE MÉDICOS pesquisadores esteve em Salvador, Bahia, no Centro Espírita André Luiz, onde o médium Venâncio, envolvido pelo Espírito do médico alemão Arikson, atendia e operava dezenas de pessoas a cada noite. A assistência observava os trabalhos realizados às claras, sem instrumentos cirúrgicos, a não ser uma velha tesoura ou, eventualmente, o bocal de uma caneta plástica, com os quais o médium rasgava tumores, extraía gânglios e retirava caroços sem que se verificassem hemorragias, infecções ou os doentes acusassem qualquer dor.

A equipe médica pesquisadora, com larga experiência em outros países, trouxe equipamentos para coleta de sangue e tomada de pressão arterial antes e depois do transe mediúnico, verificando que o médium apresentava pressões diversas quando envolvido e que o sangue coletado enquanto mediunizado apresentava um índice elevado de leucócitos, próprios para fortalecer as defesas orgânicas.

O médium operava sem luvas e não demonstrava receio algum de adquirir doenças infectocontagiosas, ou mesmo o temível HIV. Curava, como Jesus o fizera, para ajudar os que precisavam. Espírito e médium cumpriam missão conjunta, purgando dívidas do passado, sem vaidades ou cobranças.

Assim, também, o fizeram José Arigó, de Minas Gerais, o médium da "faca enferrujada", objeto de pesquisas do norte-americano Pouarich, que incorporava o Dr. Fritz. Da mesma forma que os médiuns e irmãos Edvaldo, André e Lucia Monteiro (esta ainda viva e atendendo em Salvador), ou, ainda, o Dr. Edson Queiroz, médico de Recife desafiando princípios relativos à hemorragia, homeostasia e infectologia.

IX
Sociabilidade agiliza o cérebro

PESQUISADORES DA *University College of London*, conforme publicação do *Journal of Epidemiology and Community Health*, concluíram que homens de meia-idade que praticam atividades como jogar xadrez, reciclar-se em cursos ou manter amizade ou relacionamento com amigos beneficiam, com isso, sua agilidade mental. Para tanto, entrevistaram 5.400 trabalhadores com idade entre 35 e 55 anos.

Com efeito, se a pessoa conversa com outras, mesmo por telefone, interage com amigos ou, na simples caminhada matinal, estabelece um grupo por afinidades, trocando ideias sobre assuntos variados, mormente em face da diversidade de origem e profissões, estabelece-se um movimento de energias cerebrais que favorece o equilíbrio, retarda o envelhecimento e aumenta a autoestima.

Jesus, o Doce Nazareno, ensinou-nos o santo remédio de amar o próximo como a nós mesmos e praticou em suas caminhadas toda forma de interação, visitando, ceando ou pernoitando com pessoas dos mais diversos segmentos sociais, inclusive os chamados de má fama (porque dizia que os sadios não precisam de médico), praticando a cura física e do Espírito com sua palavra miraculosa. Jesus pernoitou na casa de Zaqueu, o cobrador de impostos, tido como homem de má fama por se achar a serviço do governo romano, mas sustentou que são os doentes os que mais precisam de médico.

Pesquisas realizadas na Inglaterra constataram que uma das categorias de trabalhadores menos afetadas pelo mal de Alzheimeir era a dos motoristas de táxi, posto que reativavam seus neurônios constantemente, ao lhes ser anunciado endereços que desconheciam, obrigando-os a um exercício mental, buscando referências, em conversas com os passageiros.

Interagir com outrem aumenta a capacidade mental, estimulando os neurônios.

X
Indústria de armas

PRÓSPERA FÁBRICA DE ARMAS do Brasil (85% do mercado) ameaçou fechar caso o Congresso Nacional aprovasse a nova lei (2005) que restringe a compra de armas aos policiais, Forças Armadas e empresas de segurança. Com apenas 3% da população do mundo, nosso país detém 11% das vítimas assassinadas com arma de fogo, o que representa 40 mil mortes anuais, 10 mil a mais que no trânsito; entretanto, nossa maior indústria armamentista emprega cerca de 2.400 funcionários, que produzem 60 mil armas anuais, 160 por dia (2005).

Com faturamento anual de 210 milhões de reais em vendas no Brasil e Estados Unidos, não consta entre as 500 maiores empresas brasileiras cadastradas pela revista *Exame*, porém seu *lobby* no Congresso inclui ajuda de 253 mil reais para financiar campanhas políticas.

O custo-benefício para o país é muito pouco; se fechar as portas já vai tarde. É preciso reduzir a violência de várias maneiras, em frentes diversas. Acabar com a indústria de armas é um grande passo.

No cenário mundial, grandes produtores de armas pesadas, que incluem tanques e aviões, fomentam guerras, vendendo ao mesmo tempo para ambos os países litigantes, através de terceirizados, como Israel. O Brasil já chegou a participar desse satânico clube fechado, fornecendo tanques fabricados pela Indústria de Material Bélico do Brasil (Imbel) e aviões AMX, da Embraer.

O dia em que tomarmos consciência de que do outro lado, reencarnado, deve estar um irmão, certamente mudaremos as configurações das guerras. A campanha vitoriosa de entrega de armas em troca de pequeno pagamento em dinheiro, pelo governo, certamente desarmou os espíritos belicosos, mas o grande resultado se fará sentir a longo prazo.

Vivenciamos o último quartel do século (25 anos) com guerras fratricidas.

Estertora o regime de provas e expiações, que regeu o Planeta nos milênios precedentes, avizinhando-se a transição para um novo ciclo de regeneração.

XI

Murmurações

PESSOAS HÁ QUE SE COMPRAZEM, o tempo todo, em reclamar. Faz parte da condição humana, segundo Raul Condeloro, diretor e fundador da Editora Quantum e editor-executivo da revista *VendaMais*. Ele observa a necessidade de identificar os reclamões, receitando o trabalho em grupo como terapia correcional.

O Real Madri, famoso time de futebol, adota testes psicológicos para identificar potenciais reclamadores, procedimento comum entre os técnicos da NBA quanto aos jogadores de basquete. Identificar os brigões e jogadores que reclamam, como Romário e Edmundo, acaba por eliminar os profissionais de convocações para participar de seleções para campeonatos mundiais.

"*Os reclamões contaminam os demais*", adverte Condeloro, que acredita ser possível recuperá-los a partir da identificação e solução dos motivos da reclamação, mas, caso persistam, a solução é afastar o reclamão.

A melhor solução é falar **com** a pessoa, e não **da** pessoa, diz o especialista.

Identificar as causas (remontar às causas, como diz a doutrina espírita) saber o porquê o motivo pelo qual a pessoa é dessa ou daquela forma, para aprender a conviver com ela e ajudá-la a libertar-se desse ranço. Enfim, amá-la um pouco mais.

Queixumes tornam as pessoas azedas, malquistas. E, no fundo, elas mesmas percebem isso e tendem à depressão e à baixa autoestima, que são fatores concorrentes de má qualidade de vida.

Portanto, ame-se e seja feliz, educando-se para o bom-viver em comunidade. Torne-se amado. Descubra o lado bom de você mesmo e o cultive intensamente.

Transforme-se.

Aprenda a animar as outras pessoas. Elogie, sinceramente. Realce as qualidades. Veja o lado positivo de cada situação.

Torne-se melhor a cada dia.

XII

Psiconeuroimunologia

COM ESTE COMPLICADO NOME, os especialistas denominam a ciência que cura as doenças a partir da mente. Ou seja, o pensamento interage no físico, fortalecendo as defesas orgânicas e potencializando a imunização ante os ataques virais e as doenças em geral.

Na década de 70, o psicólogo Robert Ader e o imunologista Nicholas Conhem realizaram importantes experiências administrando em ratos uma medicação imunossupressora adicionada à água adocicada com sacarina, verificando que o sistema imunológico dos ratos ficou condicionado à ingestão de açúcar, notando-se que a ingestão puramente da sacarina levava o animal a ter modificado o seu sistema imunológico. Concluíram, pois, que a mente desempenha importante papel na química das células.

Desta forma, pensamentos sadios, autossatisfação, alegrias, otimismo e sentimento de não culpa por qualquer coisa ou ato são antídotos poderosos na cura das doenças, na longevidade, na paz.

A mente regula os sistemas endócrino-nervosos via imunotransmissores.

Neste particular, a Doutrina de Jesus representa um poderoso auxílio na obtenção da paz, nas realizações humanas, na satisfação pessoal.

Olvide os fatos desagradáveis do seu passado, tomando-os como experiência de vida. Vivencie positivamente o aqui e agora, estimulando suas ações presentes.

E, mesmo que a curto e médio prazo lhe pareça impossível alcançar todos os seus objetivos, tais as circunstâncias que o cercam e dominam, alargue o longo prazo, induzindo sempre a ideia de que seu espírito, por ser imortal, sairá sempre ganhando com a experiência vivida. Semeie sempre, o que lhe é livre, posto que a colheita será obrigatória.

XIII

Países mais felizes

DADOS DA *World Values Survey*, pesquisa que investiga valores socioculturais e políticos a cada cinco anos, abrangendo 80% da população mundial, apontam a Nigéria como líder entre os países com maior porcentagem de pessoas que se consideram felizes. Como se sabe, a Nigéria situa-se na África, continente considerado paupérrimo. Portanto, nem sempre a condição econômica é motivo de felicidade.

Dentre os menos felizes situam-se Rússia, Romênia e Armênia, países do antigo bloco soviético, pelo que também se conclui que a chamada igualdade socioeconômica não traduz felicidade e que Karl Marx não preencheu a necessidade humana de felicidade, que só se obtém com a paz de consciência, ensinada por Jesus Cristo, com o Evangelho.

Existem lares humildes, mas plenos de felicidade. Os que aprendem a **ser** em vez de **ter**. Outros há, todavia, em que nada falta à mesa, mas que nem por isso gozam da felicidade plena.

Buscar em Deus todas as coisas traz realização e felicidade pessoal.

A revista científica britânica *New Scientist* publicou estudos da Bowling Green State University, de Ohio, Estados Unidos, nos quais concluíram que a meditação espiritual facilita o relaxamento e ajuda as pessoas a suportar a dor. Cientistas reuniram estudantes voluntários em três grupos, dando ao primeiro a tarefa de repetir *"Deus é amor"* e *"Deus é paz"*, ao segundo, que pronunciasse frases como *"sou feliz"* e *"estou contente"*, e ao terceiro a missão de apenas relaxar. Enquanto isso, fizeram-nos manter as mãos mergulhadas n´água à temperatura de dois graus centígrados. O grupo que mais aguentou, inclusive se avaliou depois suas condições psicológicas em relação aos demais, foi justamente o primeiro, batizado como "espiritual". A prof[a]. Amy Wachholtz concluiu que, ao pensar em Deus, o grupo se animou de uma força superior e foi capaz de relaxar e manter a resistência às condições adversas impostas.

    O estoicismo, a renúncia, a abnegação e a fé em Deus são ingredientes que facilitam a vida das pessoas, fazendo-as mais felizes. Pense em Deus. Acredite em Deus. Ore em nome de Deus. O mais lhe virá por acréscimo.

XIV

Economizando energias

ADAPTAMOS UM IMPORTANTE trabalho assinado pela psicóloga Irene Cardotti, que relaciona oito maneiras de ganhar (e não perder) energia:

1º) **Falar** – Somente na hora certa, no momento adequado, em volume e quantidades necessárias. Não "jogar conversa fora". Ser comedido.

2º) **Escutar** – Dar oportunidade ao interlocutor. Ouvir (temos duas orelhas e apenas uma língua). De quem menos se espera pode vir um bom ensinamento. Saber ouvir é uma arte. Amar o próximo.

3º) **Aceitar-se** – Ter consciência dos seus próprios valores, mas também das suas limitações. Aceitá-las de bom grado. Ser menos severo com suas faltas e erros. Entretanto, enxergar o cisco no próprio olho.

4º) **Eleger prioridades** – Visualizadas as tarefas do dia, ou da semana, ou do mês ou ano, mesmo de um projeto de vida, escolher as prioritárias. Realizar as plausíveis e possíveis. Evitar enveredar por caminhos tortuosos que não pode percorrer, com projetos impossíveis. Ser moderado.

5º) **Fazer suas vontades** – Quer dizer, dar uma "colher

de chá" a você mesmo. Realizar suas vontades ao comprar um objeto de desejo, escolher uma fruta ou qualquer alimento. Satisfazer a si mesmo. Acreditar nas intuições.

6º) **Respeitar seu corpo** – Evitar esgotamentos. Saber encontrar os limites das suas energias a cada tempo e momento. Esforço desmesurado reflete no desgaste precoce da máquina ou organismo. Encontrar suas limitações, ficando de bem consigo mesmo. Amar o próximo, mas também a si mesmo.

7º) **Evitar explosões** – Ataques de ciúmes, inveja, raiva ou melancolia recolhem energias que no momento da explosão parecem dissipar-se, mas, em verdade, deixam sequelas em você mesmo. Tais ataques acionam mecanismos automáticos de controle nervoso, como a adrenalina, que resultam em danos às artérias e ao coração. Deve-se respirar fundo e manter a calma em todas as circunstâncias. Usar o instrumento do perdão. Segundo o Espírito André Luiz (Chico Xavier) toda a irritação é um suicidiozinho para nossas energias orgânicas.

8º) **Desligar o turbilhão da mente** – Evitar remoer pensamentos. Temos a tendência de recalcar problemas. Dar um alívio à mente. Relaxar de vez em quando. Dispensar a si momentos de exclusivo bem-estar mental, desligando-se dos problemas, por mais aflitivos que sejam, para dedicar--se a coisas triviais, como molhar as plantas, alimentar pequenos animais, varrer a casa, arrumar uma estante; enfim, realizar tarefas físicas que não carecem de avaliações mentais.

XV

Quando a solidão faz bem

O AUTOCONHECIMENTO é muito importante. Navegar nos pensamentos e perscrutar os recônditos de nós mesmos podem levar-nos à solução de muitos problemas. Felicidade não significa viver cercado de gente. Quantas vezes nos sentimos isolados e perdidos na multidão?

Mergulhar no nosso próprio interior, segundo a psicóloga Mônica Koss, ajuda a descobrirmos o que queremos e até a fazermos as pazes conosco mesmos.

Nos Estados Unidos e no Reino Unido, 25% das residências têm um único morador. Em São Paulo, segundo o IBGE, uma em cada 30 pessoas mora só.

Muitas vezes o indivíduo sozinho liga a TV só para escutar ruído e saber que não está só, quando, em grande parte, se aprende muito com o sossego e a introspecção.

Quantas vezes preferimos manter o rádio do carro silencioso enquanto meditamos sobre os últimos acontecimentos vividos e cuja reflexão nos ajuda a encontrar respostas adequadas à compreensão do fato ou à tomada de decisão?

É preciso descobrir a riqueza de se estar só.

Nesses momentos, quase sempre abrimos os canais à comunicação com Deus, com nosso ego superior, com a consciência coletiva, enfim, nutrimo-nos nas fontes da vida, no socorro espiritual que vem do Alto sem que efetivamente o percebamos.

Jesus ensina-nos que, ao desejar orar, basta recolher-se aos aposentos íntimos e fazer com humildade a prece ao Pai que Ele nos escutará.

O recolhimento favorece a meditação, promove a reflexão, sintonizando energias ainda não bem conhecidas e exploradas. Somente usamos, normalmente, 10% da nossa capacidade cerebral. Portanto, buscai e obtereis. Pedi e dar-se-vos-á. Batei à porta e achareis.

As riquezas da mente são como as pepitas de ouro ou como as pérolas nas conchas. É preciso garimpá-las.

XVI

Atitudes positivas curam

O PENSAMENTO NEGATIVO torna frágil o sistema imunológico, abrindo espaço às doenças. Ao contrário, a atitude positiva ante os problemas que nos afligem na vida acaba por fortalecer o ânimo e robustecer o Espírito. Devemos criar, enfim, barreiras ao assédio da doença. Em verdade diz-se que não há doenças, mas doentes.

Um caso típico é o câncer, em que os doentes que adotam uma atitude positiva, reagem e acreditam que não estão desamparados têm maior sobrevida, comprovadamente, do que os que se entregam à própria sorte.

Um oficial médico da Força Aérea norte-americana escreveu um livro, que foi *best-seller*, narrando a epopeia que desenvolveu com o próprio filho. O menino, vítima de uma infecção linfática ganglionar, foi levado pelo pai a imaginar-se em uma batalha aérea, onde do seu íntimo saíam petardos, como raios, fulminando agentes agressores, numa verdadeira guerra entre glóbulos brancos – leucócitos – e bactérias. Imaginando-se vencedor da batalha, o menino conseguiu um bom resultado curativo, certamente sem desprezar-se as demais terapias químico--radiológicas.

É no sistema límbico do cérebro, formado pelas amídalas e pelo hipocampo, que são processadas as emoções. O hipotálamo ordena à hipófise que coordene o trabalho das demais glândulas, com a produção dos hormônios. As suprarrenais, por exemplo, em situação de grande estresse, despejam na corrente sanguínea adrenalina e cortisol.

Portanto, deparamo-nos com sistemas automáticos, desencadeados a partir do momento em que sentimos o perigo ou nos achamos sob estresse.

Mas é possível, também, com a mente, comandarmos as defesas internas, fortalecendo a vontade de debelar a enfermidade e interagindo sobre a doença. A mente comanda o corpo. É possível, por exemplo, reduzir os batimentos cardíacos, reduzindo a pressão alta. Relaxar. Diminuir ansiedades. Controlar os açúcares na corrente circulatória.

"A fé ajuda a curar", esclarece a psicóloga paulista Carmem Neme.

Há vários relatos na literatura médica de que se ministrou um placebo (como se diz, água com açúcar) a pacientes que teimavam que esse ou aquele medicamento seria responsável, afinal, por sua cura, baseado em leituras próprias. E tomando o placebo, verificou-se uma verdadeira mudança para melhor no paciente.

A prof[a] Maria Helena Amorim, do Departamento de Enfermagem da Universidade do Espírito Santo, levou a efeito uma experiência em que pacientes portadores de tumores foram submetidos a sessões de relaxamento, observando melhores resultados naqueles que se submetiam ou participavam das sessões. Da mesma forma, experiência levada a cabo no Hospital das Clínicas de São Paulo, pelo geriatra José Curiati, observou melhoras significativas em insuficiência cardíaca de idosos que participaram de sessões de meditação.

A norte-americana Elisabete Targ realizou uma experiência com pacientes portadores de AIDS, dividindo os 20 escolhidos em dois grupos e submetendo a metade deles a preces à distância, sem que soubessem. Após seis meses, 40% dos que não haviam recebido nenhuma prece haviam morrido. E nenhuma morte houve dentre os que foram alvo das preces.

Os poderes da fé e da mente operam milagres, ajudando muito na cura do corpo físico e no equilíbrio da alma.

Não custa tentar. Habitue-se a pensar e a agir positivamente, seguindo as belas regras de Dale Carnegie, em *O poder do pensamento positivo, best-seller,* também autor de *Como fazer amigos e influenciar pessoas,* clássicos na literatura de autoajuda, autor que nos deixou o Carnegie Foudation.

Comece o dia com uma boa higiene pessoal (orações e limpeza corporal), o que lhe proporcionará a sensação de alegre bem-estar. Em seguida, escolha uma roupa compatível com a próxima atividade, como a desportiva, roupas e meias limpas, adequadas com o exercício físico. Após isso, banhe-se, trocando a roupa por outra própria para o trabalho seguinte, lavada e não amarrotada. Banhar-se mais de uma vez por dia favorece o bem-estar físico, mental e espiritual.

Resolva as tarefas mais simples ou fáceis de fazer, o que lhe proporcionará uma imediata satisfação pessoal, elevação da autoestima. É como aquecer o corpo para o esforço seguinte, como se faz numa atividade desportiva.

Deixe as tarefas mais complexas para mais tarde, o que não significa jogar o problema para debaixo do tapete ou para o dia seguinte.
CARPE DIEM. Curta o dia.
O amanhã trará novos desafios.

XVII

Respeitando o estresse

NÃO CONCENTRAR TAREFAS, mas delegá-las; graduar as prioridades, resolvendo um problema de cada vez, encontrar tempo para relaxamento e lazer são os ingredientes de uma vida saudável e alegre.

O corpo humano (leia-se a mente) tem limites. Saber detectar os níveis de problemas e estabelecer os limites de tolerância, do suportável por cada pessoa, conforme sua individualidade, constituem ingredientes para o bem-estar. Se o estresse sobrevém, compromete todo o desenrolar, avaliação e resolução dos problemas. Saber quantificar os seus limites, diz o médico Moacir Amaral Neto, psicoterapeuta de São Paulo, é medida inteligente e saudável.

Também deve-se evitar o perfeccionismo, pois exigir muito de si mesmo pode levar à insegurança, segundo Ronaldo Perlato, médico diretor da Clínica Artemísia, de São Paulo.

Deve-se reservar um tempo para si próprio. Para relaxar, meditar, refletir, isolar-se um pouco, descansar a mente.

Normalmente dá-se muito valor ao **ter**, esquecendo-se que o que mais vale é o **ser**. Também não se deve fazer projetos megalômanos, muitas vezes de difícil consecução.

Ou seja, deve-se estabelecer limites ou objetivos razoáveis, menos ambiciosos. Em certos casos estamos sempre correndo atrás de algo de certa forma inatingível, ou de difícil obtenção. Queremos um carro mais novo, uma nova casa, roupas e cosméticos mais sofisticados. Enfim, não estamos satisfeitos com o que **somos**, queremos **ter** sempre mais e mais. Isso leva à infelicidade, ao estresse. Obedeça aos seus limites de tempo. O dia é curto, mas a vida é longa. Faça uma coisa de cada vez. Não "embole o meio de campo". Seja menos acrimonioso e mais tolerante consigo mesmo. Aceite-se como você é, com suas limitações. Imponha a si mesmo objetivos mais factíveis e possíveis.

Médicos da Universidade de Michigan, nos Estados Unidos, descobriram que esforço concentrado em períodos curtos aumenta a capacidade de o corpo lutar contra doenças, como ocorre com atletas em treinamentos e competições, mas em períodos longos de estresse, enfraquece-se o sistema imunológico em até 60%.

Pesquisa da Universidade da Califórnia, também nos Estados Unidos, coordenada pela Dra. Elissa Epel, concluiu que pessoas submetidas ao estresse, como as sujeitas a doenças prolongadas em familiares, têm reduzidas as espessuras de uma capa bioquímica, denominada telômero, que envolve uma das extremidades dos cromossomos celulares, que guardam o material genético, impedindo que as células continuem a reproduzir-se, culminando com a morte celular, o que ocasiona o envelhecimento precoce.

Sinais de alerta podem indicar que você está passando dos limites: perda do sono e do apetite; agressividade e intolerância no trânsito; humor abaixo do habitual; dificuldade de concentrar-se em uma tarefa; demonstrações de esquecimento com as coisas mais triviais; cansaço e desânimo, mesmo logo depois de acordar; problemas na pele, coceiras e irritações; libido em baixa. Não espere o problema se agravar. Tome uma resolução. Modifique-se.

Seja mais flexível e mais tolerante. Aprenda a perdoar e a relevar as ofensas. Identifique as causas do estresse.

Dê uma pequena paradinha nas tarefas que esteja executando.

Reveja a atividade.

Arrume o roupeiro ou reveja os arquivos.

Exercite-se. Ande um pouco. Alongue-se. Empreste tonicidade aos músculos. Troque tarefas mentais por corporais, e vice-versa. Nos finais de semana, mude as atividades. Visite amigos. Saia para comer fora de casa.

O mais importante, afinal, é você.

XVIII

O valor do perdão

PERDOAR É ESQUECER. Virar a página. Apagar. Cientistas desvendaram o mecanismo pelo qual o cérebro bloqueia lembranças indesejáveis, fazendo a vida melhor.

Publicação da revista *Science* dá uma resposta a essa questão que intriga neurologistas.

Pesquisadores das Universidades de Stanford e do Oregon, ambas nos Estados Unidos, constataram que para impedir que os registros indesejáveis permaneçam na superfície da memória ocorre uma diminuição da atividade do hipocampo, uma das regiões envolvidas no processo de lembrança de fatos passados. Essa diminuição foi constatada através da aplicação de ressonância magnética, pela qual se flagra o cérebro em plena atividade, quando se verificam mutações.

As lembranças que permanecem em estado latente produzem angústias e, ao se desvendar os processos pelo qual o cérebro se livra dessas lembranças, abre-se caminho para o tratamento do estresse e de alguns tipos de fobias.

Portanto, perdoar (e esquecer) é um grande remédio para nossa saúde física e mental, pois passamos a não mais ter o inimigo ao nosso redor, em nossa mesa e mesmo na cama.

Segundo o psiquiatra Dr. Augusto Cury, o maior beneficiário do perdão é quem perdoa. Agindo com perdão, livramo-nos do ódio que corrói os sentimentos e o próprio corpo físico e que pode nos deixar doente. Sendo uma pessoa perdoadora, nos livramos da presença do agressor em nossa mente e em nossa vida para sempre.

Perdoando, não mais acordamos com o ofensor em nosso pensamento, não nos alimentamos em sua presença e ele não dorme mais em nossa própria cama.

Tenho uma experiência pessoal. Após vender a nossa casa, para uma construtora, um mestre de obras de uma construção em frente à nossa residência propôs-nos adquirir as telhas e todo o madeirame, de boa qualidade, aparelhado e tratado com verniz naval. Negociado, somente pagou-nos a primeira prestação, alegando que a sogra que iria ajudá-lo falecera. Renegociei, para facilitar-lhe, reduzindo o valor e alongando as prestações, mas ele não cumpriu o acertado. Chateei-me, principalmente por haver-lhe doado, também, as pias inox da cozinha, as louças sanitárias. Enfim, ajudei mais do que pedira. E o mesmo não atendia ao telefone, nem à porta da empresa, cansando-me nas inúmeras visitas. Alegou que mudara de obra e na cidade vizinha havia somente outro banco. Concordei com a mudança de conta para pagamento. Mas, novamente, não cumpriu. Aquilo me atormentava, sentindo-me bobo (Jesus dissera que fôssemos bons como o Pai, mas não usou a expressão "bobo"). Até que um dia surpreendi-me ao perceber que o esquecera completamente. E estava me sentindo muito bem comigo mesmo, ao verificar que perdoara a dívida. Tirara o pesadelo da cabeça, jogando fora as notas promissórias. Um alívio! Esqueci.

XIX

Cantar faz bem

CANTAR FAVORECE o sistema imunológico, segundo estudos da Universidade de Frankfurt, na Alemanha, com pessoas que cantam no coral amador da cidade, de acordo com publicação inserta na revista *Journal of Behavioral Medicine*. Os médicos concluíram, após exames de medição sanguínea nos cantores antes e depois de um ensaio de 60 minutos do *Réquiem* de Mozart, que durante a cantoria as concentrações de imunoglobina A, que favorecem o sistema imunológico, ficam alteradas para melhor, com a presença de cortisol (hormônio contra o estresse), aumentada consideravelmente.

O ditado popular diz que "quem canta seus males espanta". Cantar é um gesto de boa vontade, de alegria com a vida, de expressão espiritual.

O pesquisador inglês Richard Wiseman, doutor em Psicologia pela Universidade de Edimburgo, na Alemanha, e autor do *best seller Boa Sorte*, concluiu em seus estudos que pessoas que acreditam na sorte atraem a sorte, ao passo que outros, pessimistas, não conseguem beneficiar-se com ela. Segundo Wiseman, é como o atleta que ganhou medalha de prata porque queria ouro. E o outro, que nada queria, acabou ganhando apenas a de bronze. De azarado a sortudo, enfatiza o comentarista Mauro Halfeld, para quem "*as pessoas que se consideram azaradas podem ser treinadas a ter mais sorte*".

Deve-se pensar positivamente e acreditar em si mesmo, no poder de querer. A chamada inspiração, que anima certos compositores, tem origem nos recônditos da alma. Enfim, no amor.

Muitas pessoas confessam que ao se banharem no chuveiro, em relaxamento, acorrem-lhes boas ideias e inspiração. Alguns relatam contatos com desencarnados, comunicações.

Muitas vezes surpreendo-me cantarolando modinha de criança, sempre que me ocorre estresse... É como um refrigério. Aquilo vem em minha mente como um refrão, repetido. E como me faz bem...

Outras vezes, como se fora uma ajuda, vem-nos à mente letras ou trechos de um cancioneiro popular, como a nos apontar ou sinalizar uma direção.

Portanto, cantar só nos faz bem.

Deus, quando quer e quando precisamos, fala-nos direto ao coração ou à nossa mente.

XX

A fé cura

A PREFEITURA MUNICIPAL de Maranguape, no Ceará, instituiu um programa denominado SORO-RAÍZES, destinado a crianças desnutridas e/ou desidratadas, consistente no atendimento por rezadeiras cadastradas, seguido o tratamento por serviços médicos oficiais.

O programa, dirigido pela Secretaria Municipal de Saúde, objetiva alcançar pessoas envolvidas por crendices populares, que acreditam piamente nos poderes da reza de folhas (raízes), banhos e chás, a fim de que sejam, também, encaminhadas, pelas benzedeiras, diretamente para os serviços médicos especializados, evitando-se, assim, que por falta de orientação segura, venham as crianças a sofrer morte prematura.

O kit para reidratação também é distribuído às rezadeiras do município de 90 mil habitantes, obtendo-se um resultado animador, com a redução da mortalidade em 50% em cinco anos. *"Minha religião é esta aqui mesmo"*, relata "seu" Osvaldo, apontando para a parede onde estão as imagens de Cristo, São Judas Tadeu e de Padre Cícero.

Reportagem da revista *Época* nos informa que 77% dos

norte-americanos gostariam que os médicos falassem sobre religião durante as consultas, mas apenas 10% fazem isso nos hospitais.

O fato é que quando as benzedeiras mandam, as mães obedecem, afirma Hayda Guedes, servidora da Secretaria de Saúde de Maranguape.

Na Alemanha e na Inglaterra, médiuns passistas são cadastrados junto a alguns hospitais e chegam a residir nas proximidades, com placa na porta e tudo o mais, ficando disponíveis e sendo chamados a auxiliar os pacientes que requisitam seus serviços.

O certo é que a fé ajuda a sarar.

XXI

A fé dos atletas

O BOXEADOR CASSIUS CLAY, que se converteu para o islamismo com o nome de Mohammed Ali, sempre agradecia a Alah pela vitória nos ringues.

João Leite, conhecido como "Goleiro de Deus", após quebrar um dedo e ficar sem poder jogar, muito triste e choroso passou a frequentar, com sua irmã, uma igreja evangélica, convertendo-se, afirmando que agora tinha paz, felicidade e confiança quando entrava em campo.

"**Sem Deus eu não seria nada**", diz Fabiano, meio de campo, atleta do Santos Futebol Clube.

É uma força que não os abandona, considera o psiquiatra Marco Aurélio Peluso.

O fato é que desde a Grécia antiga, 1.200 anos a.C., os homens já exibiam habilidades físicas e controle psicológico apoiados em Zêus, o líder do Panteão.

Jogadores como Kaká, após recuperar-se de uma fratura da coluna, afirma que essa confiança vem da sua fé.

O baiano Jojó de Olivença atribui a Deus o fato de ter adquirido o posto de técnico e treinador físico.

O surfista paranaense Jihad Kohdr, 19 anos, faz sempre um sinal religioso antes de entrar no mar.

Da mesma forma, o atacante Ronaldo "Fenômeno", fez questão de visitar o Santuário de Aparecida, no interior de São Paulo, logo após se recuperar de grave problema no joelho.

O fato é que segundo a revista *Placar*, vinte jogadores do campeonato brasileiro de futebol de 2002 tinham inscrito na camisa a palavra **Deus**.

Jesus curava, e dizia:

— 'Podeis fazer muito mais'.

Mulher palestina que padecia de incontrolável hemorragia resolveu espreitar a passagem de Jesus, quando decidiu lhe pedir ajuda. Mas, ao passar o Divino Rabi, envolvido por ampla multidão, ela mal pôde alcançar-lhe as vestes, com as pontas dos dedos, no que o Mestre indagou de Pedro quem o tocara. O discípulo, distraído, retrucou que nada sabia nem vira, dada a multidão que os acompanhava. Ele, então, completou:

— "Uma virtude (energia) se desprendeu de mim".

A mulher, portadora de fé, curou-se.

XXII

Humor e esperança auxiliam no tratamento

HÁ TRÊS DÉCADAS o médico Hunter "Patch" Adams, travestido de palhaço, invade os quartos dos hospitais, alegrando a vida de pacientes portadores de graves enfermidades, enchendo suas vidas com humor, compaixão e esperança.

Autor de três livros, dois publicados no Brasil, aos 58 anos dirige o Hospital Gesundheit (saúde, em alemão), nos Estados Unidos, que atende de graça, renovando as esperanças de milhares de pessoas, além de ensejar melhoria no tratamento médico-psicológico.

Tudo começou com a morte de seu pai e o suicídio de um tio, que o deixaram perplexo. Pensando em também morrer, pediu à sua mãe que o internasse em um sanatório, onde teve contato com pessoas em pior estado que o dele, fazendo-o ver que a sua dor era bem menor.

Para Adams, o médico quase não tem tempo e interesse em dar atenção (amor) aos seus pacientes e, quando o faz, sente que perde dinheiro, enquanto muitas vezes, afirma, a solução dos problemas está em casa, nas pequenas coisas da vida.

A fé, para ele, é mais importante que qualquer comprimido ou intervenção cirúrgica, na cura de um paciente. Adams relata que quando fazia cirurgias, os familiares ficavam mais calmos enquanto rezavam do que quando tomavam tranquilizantes. Diz que não é preciso seguir religião alguma, apenas amar e agir e se diz mais palhaço do que médico, "*porque como palhaço, posso alegrar as pessoas em qualquer lugar e a qualquer hora*". "*Meu sonho*", finaliza, "*é a paz mundial, ver as pessoas se ajudando mutuamente*". "*Pode parecer utópico*", conclui, "*mas eu acredito que seja possível*".

Com efeito, quando sorrimos movimentamos uma dezena de músculos faciais, além de liberar substâncias químicas na corrente circulatória, que contribuem enormemente para as saúdes física e mental, como constatou o Dr. Steve Allen Jr., médico e professor da Universidade Estadual de Nova Iorque, nos Estados Unidos, que há duas décadas faz palestras em hospitais sobre o valor do riso na saúde.

Steven Sultanoff, ex-presidente da Associação para o Humor Terapêutico e Aplicado, diz que as experiências mostram que o humor parece aumentar os anticorpos que combatem infecções, diminui a hidrocortisona que o corpo segrega quando se está em estado de estresse e aumenta a tolerância à dor.

Pesquisadores da Universidade de Maryland, nos Estados Unidos, descobriram que as pessoas que sorriem muito diminuem em 40% a possibilidade de problemas cardíacos. Ao sorrir passamos mensagens de amor.

XXIII

Quarenta por cento dos brasileiros sofre de estresse

SEGUNDO O PROFESSOR Raphael Di Lascio, da Universidade de Tuiuti, no Paraná, e da Faculdade Anchieta, 40% dos brasileiros sofre com o estresse, padecendo de úlcera, gastrite, diabete, hipertensão, problemas cardiovasculares, cefaleia, labirintite, depressão e Síndrome de Burnout, que podem ser desencadeados ante um quadro de estresse. Ele afirma que tais sintomas poderiam ser evitados se a pessoa simplesmente pedisse ajuda, pois quase sempre têm origem psicológica, com repercussão no orgânico.

Dra. Janice Kiecole-Glaser, da Universidade Estadual de Ohio, nos Estados Unidos, examinando estudantes de Medicina durante a fase de provas escolares, concluiu que os mesmos mantinham altos índices de adrenalina e hidrocortisona, que possuem efeitos imunodepressores. Ela comenta que embora a constância leve a pressão alta, não se deve tentar eliminar totalmente o estresse, pois é impossível, mas tomar medidas para não se deixar dominar por ele.

Pesquisadores da Universidade da Califórnia, também nos Estados Unidos, chegaram à conclusão de que pessoas com altos índices de ansiedade tinham uma probabilidade sete vezes maior de ter hábitos pouco saudáveis do que outras menos tensas e ansiosas.

O fato de ser humilde, desprovido de vaidades, reconhecendo a fragilidade humana, buscando auxílio no próximo é um grande passo para evitar a tensão emocional. E se se pede ajuda ao Criador, mais ainda se vive equilibradamente.

A alma humana é mais frágil do que parece. Necessitamos de aprovação dos nossos atos. Sentimos quando agradamos e quando desagradamos. Nutrimo-nos do elogio, que massageia a autoestima. Reconfortamo-nos ao nos sentirmos úteis ao próximo. Ao nos envolvermos com o outro, esquecemos a próprio sofrimento. O trabalho assistencial, a colaboração, a caridade, são poderosos antídotos para conter o estresse.

Na prece nos reconfortamos.

A prece, aliada à fé, é ajuda inestimável na prevenção e cura das doenças.

Jesus nos ensinou a sermos mansos e pacíficos, humildes ou pobres de espírito.

São pérolas passadas, muitas vezes, desapercebidas, tal a simplicidade e nada custam. Algumas vezes gastamos muito dinheiro com medicamentos, quando a cura está ao nosso alcance, a baixo custo: um passeio na praia, uma caminhada na rua do bairro, uma trilha na floresta, ver coisas novas, sair do "eu" para ingressar no outro, abrir a alma para a vida, a luz abundante do sol refletindo as belezas da natureza. Ouvir os pássaros, ou escutar os sons produzidos na noite. Conversar consigo mesmo. Enfim, escutar a voz interior.

Foram catalogados cerca de 250 tipos de estresse. Mas, na maioria das vezes, o fato reside na insatisfação pessoal.

Consigo mesmo ou da vida que se leva, das condições que se carrega.

Se nos convencêssemos de que somos hoje o resultado do passado, próximo ou remoto, aceitaríamos mais facilmente as coisas.

O biotipo, as condições econômico-financeiras, a família, o lar, refletem a disposição cármica no atual estágio de evolução.

Claro que podemos influir e modificar, com o uso do livre-arbítrio, e determinação, essa ou aquela condição, cuidando para não incidir nos erros do passado, do qual ora buscamos libertar-nos.

A riqueza e a fama podem alimentar a soberba e fomentar a vaidade e o orgulho.

Por outro lado, a pobreza material envolta em queixas, lamentações e blasfêmias incontidas pode gerar revoltas e insatisfações de curso prolongado e efeitos deletérios.

O equilíbrio está no meio *(in medius, virtus)*. Nem acomodar-se, com imobilismo não construtivo, nem, por outro lado, exacerbar-se por obter, desesperadamente, isso ou aquilo.

Dar tempo ao tempo. Realizar uma coisa de cada vez. Agradecer a Deus pelo que obteve e o que se é. Buscar crescer mas sem açodamento. Aceitar o que não pode ser mudado.

Buscai em primeiro lugar o reino de Deus e tudo o mais se vos dar-se-á.

XXIV

Remédio para tudo

"SE QUISERES OBTER O *reino de Deus, volta a ser criança.*"
   A frase acima, atribuída a Jesus, tem mais ou menos o sentido de que é preciso pensar e agir como uma criança.
   Não de forma pueril, mas um tanto ingênua, desprovida de preconceitos, clichês estratificados que vão adornando a personalidade à medida que nos tornamos adulto.
   Dentre outras coisas, a criança ri, libera energias, troca afetos, coisas que os adultos nem sempre exercitam conveniente e adequadamente.
   Voltar a ser criança, na linguagem evangélica, também é renascer pela reencarnação, quando se tornará um infante novamente.
   Assim, ao envelhecer o corpo, cuidemos para que o Espírito se conserve sempre criança, alimentando o sonho da eterna juventude.
   Descobrir a criança que vive dentro de nós é um bom remédio. Brincar novamente. Apreciar a leitura infantil. Volver às origens.
   O Presidente Ernesto Geisel, quando estava tenso, costumava ler a revista *Pato Donald*.

Muitas pessoas relaxam nos programas humorísticos de televisão. Não é à toa que o programa do Chacrinha detinha grande audiência.

Buscar a criança que reside dentro de cada um é viver a simplicidade, a ingenuidade, a pureza.

Encontrar alegria nos folguedos mais simples.

Abraçar e sorrir sinceramente.

Mostrar-se como se é, verdadeiramente.

Dizer o que se pensa, sem subterfúgios.

Afirmar ou negar honestamente.

Sinceridade e honestidade são próprios das crianças.

XXV

Ser feliz

AUTOR DE *Felicidade autêntica*, o psicólogo norte-americano Martin Seligman traça um perfil que vem fazendo grande sucesso no meio literário, no terreno da autoajuda.

Sua obra baseia-se na influência das emoções, que intriga os médicos desde a Antiguidade, encerrando suas pesquisas na certeza de que sentimentos negativos, como a tristeza, a angústia e a raiva produzem efeitos negativos, com repercussão no sistema imunológico, na qualidade de vida e na longevidade.

Daí ele criou a chamada "corrente positiva", que consiste exatamente no contrário, ou seja, mais tolerância, criatividade e satisfação pessoal, com vida social mais rica e produtiva, interação com outras pessoas, inclusive no casamento, que seria um fator de felicidade.

Para o professor da Universidade da Pensilvânia, nos Estados Unidos, as pessoas mais felizes têm hábitos de vida mais saudáveis, pressão arterial mais baixa e sistema imunológico mais ativo, devendo-se fazer exercícios diários para alcançar-se estes objetivos na vida.

Analisando o cotidiano de 180 freiras, concluiu que a

despeito de terem muitas coisas em comum, como alimentação frugal, não fazerem uso de bebidas, fumo e drogas, algumas – as alegres e interativas – tinham maior longevidade que outras, taciturnas e mais recolhidas.

Quanto à riqueza, concluiu que nos Estados Unidos os ricos são, em geral, só um pouco mais felizes e enquanto a renda aumentou 16% nos últimos trinta anos, o número dos que se consideram muito felizes caiu de 36% para 29%. Numa escala de dez pontos, em comparação com outros países, a Suíça ganha disparada, ficando os Estados Unidos em sexto lugar. O Brasil fica na frente da Itália, que é bem mais rica, em um esperançoso décimo lugar. Foram cruzados o poder de compra, com a satisfação pessoal, em 1000 pessoas, em quarenta países.

O grande desafio, arremata, é **manter o nível constante de felicidade**, de nada adiantando momentos de explosão de felicidade, como ao ganhar na loteria, por exemplo, posto que logo a vida dessa pessoa retorna ao leito natural. Da mesma forma, após passarem por grandes decepções, como perdas materiais ou pessoais, o nível de felicidade retoma sua posição.

Interessante notar que a inteligência não exerce papel preponderante na felicidade, mas a religiosidade das pessoas, constatou o psicólogo Seligman, afugenta o desespero, incrementa a esperança e colabora para a felicidade.

XXVI
Treinamento para a felicidade

O SER HUMANO PODE ser treinado para ser feliz? Pesquisa da revista *Veja* computou 88% de respostas afirmativas.

Com efeito, aprendemos com Allan Kardec em *O Evangelho segundo o Espiritismo*, em mensagem espiritual a lição para os espíritas: **Amai-vos e instruí-vos.** Ninguém tem dúvida de que o insigne Codificador, responsável maior pela Terceira Revelação, contou com o Espírito de Verdade, que é o enviado do próprio Senhor Jesus Cristo, para renovar seu Evangelho, tendo a educação (leia-se treinamento) como ferramenta para a evolução da espécie humana.

É claro que herdamos a maioria dos nossos caracteres de vivências passadas, mas a experiência terráquea acrescenta muita coisa à nossa nova vida corporal, e não viemos para sofrer, mas para progredir. Pode-se gozar da felicidade ainda neste mundo. Podemos colaborar para isso, adotando uma atitude positiva diante da vida. Nutrindo esperança. Construindo pensamentos que contenham um crescimento, um progresso.

Então, se podemos ser treinados para sermos felizes, eis alguns conselhos, à luz do Evangelho:

1. **Perdoar 70 vezes 7** – Ao usar tal metáfora, Jesus quis enfatizar que não bastava perdoar esta ou aquela pessoa, mas a todos, indistintamente. Volver a outra face também significa olvidar as ofensas. Amar aos próprios inimigos quer dizer considerá-los espíritos na infância da evolução. Reconciliar-se é não guardar mágoa ou ressentimento, esquecendo tudo. Essa regra coaduna-se com o ensinamento maior de amar o próximo como a si mesmo.

2. **Ser pobre de espírito** – Que não significa humilhar-se, mas não se exaltar. Ser pequeno e simples como a criança, despido de preconceitos, mente aberta e livre, jovial e amoroso com uma certa ingenuidade e boa-fé, embora tendo a prudência das serpentes, como ensinou o Nazareno.

3. **Ser manso e pacífico** – Ter a paz dentro de si mesmo, resplandecendo para os outros tudo de bom que anima o seu ser. Dizem que ninguém viu Jesus rir, mas ao contrário, o viram chorar. Ele chorou de piedade, ante aqueles que teimavam em não receber o seu *treinamento* (Evangelho). Ser calmo, pacífico e pacificador, sereno e amigo. Alegrar-se com o que tem, valorizando o **ser**, em detrimento do **ter**. Aprender a observar e tirar proveito das coisas pequenas, dos valores espirituais, imorredouros, que a traça não consome e o ladrão não carrega. Contentar-se, sem ser inativo. Buscar, sem compulsão.

4. **Ser limpo de coração** – Que implica não manter dentro de si remorso por condutas que considera deploráveis, pois o maior juiz de todos os tempos somos nós mesmos, a nossa consciência. Assim, examinar o próprio ato, assinalando as faltas que não deve repetir, afastando condutas de

que possa arrepender-se logo depois ou mesmo mais tarde. Não maltratar os companheiros. Não ofender os irmãos em Cristo, que são os que nos cercam (*"quem é minha mãe, quem são meus irmãos?"*). Ser um livro aberto a qualquer questionamento. Botar a cabeça no travesseiro e dormir tranquilamente. Pedir perdão das faltas cometidas, nesta ou em outras vidas passadas, fazendo tudo ao seu alcance para redimir-se, ajudando aos que machucou (a lei das reencarnações em muito auxilia) ou mesmo aos que necessitam, pois *"ao agasalhar e dar alimentos a um desses pequeninos, a mim o farás"*.

5. **Ser misericordioso** – Ser piedoso, amoroso, pois *"fora da caridade não há salvação"*, no dizer lapidar do apóstolo Paulo de Tarso. Ser solidário com o sofrimento alheio. Interagir com outras pessoas. Participar da comunidade. Engajar-se em obras meritórias e assistenciais. Isto dá uma real satisfação pessoal.

6. **Amar o próximo como a si mesmo** – Esta máxima do Cristo sintetiza todo o Evangelho. Se nós gostamos de nós mesmos, primeiro é preciso aprender a gostar ou amar o próximo. Ao espargir perfume, sempre restam gotículas em nossas mãos. O amor, incondicional, sem barganha e sem esperar recompensa é o grande caminho para a paz interior, para a alegria, para a felicidade.

Assim, podemos aprender a ser felizes.

A depressão, que acomete 10% da população, provém, muitas vezes, da baixa autoestima, da apreciação negativa sobre nós mesmos.

Se nos sentimos úteis, solidários, fraternos, aumentamos consideravelmente a nossa autoestima.

Ficamos felizes quando alguém pronuncia com entusiasmo e em voz alta o nosso nome.

Também nos agrada muito um bom aperto de mão, um abraço amigo, um beijo afetuoso e sincero.

Portanto, se você se ama, comece por amar ao próximo, como se fora você mesmo, como recomenda o Divino Mestre, psicólogo da nossa vida.

Eleve sua autoestima e seja feliz.

XXVII

Desequilíbrios

EMBASADO NO PRINCÍPIO da educação – *amai-vos e instruí-vos* –, temos que a nossa comunidade brasileira ainda carece da prática de algumas condutas fundamentais no convívio social, o que implica em desequilíbrios, que podem ser corrigidos e erradicados. Enumeremos alguns deles:

Batuqueiro – Onde quer que estejamos, no elevador, no ônibus, na fila, no balcão de atendimento, somos incomodados pelo vizinho "batuqueiro", que com os dedos ou um objeto produz ruído continuado e chato aos ouvidos dos circunstantes, embalado ora no nervosismo e ansiedade, ora nas lembranças de eventos festivos a que compareceu recentemente. Essa conduta também traduz a musicalidade do brasileiro, dadas suas origens africanas, percebidas no gosto pela música, pelo gingado, pelos petiscos apimentados. Mas, certamente, algumas vezes incomoda àqueles que não estão compartilhando das motivações pessoais do batuqueiro. Assim, impõe-se fazer um autoexame, verificando se o ambiente comporta, se não está incomodando, enfim, controlando-se.

Tapa-porteira – Outra conduta corriqueira dos menos avisados é postar-se à entrada de um cômodo, ou à saída de um veículo de transporte coletivo (elevador, ônibus, trem, metrô), sem dar direito de passagem (ir e vir) aos demais circunstantes. Muitas vezes inteiramente alheio ao ambiente, o tapa-porteira se queda bem no meio da passagem, impedindo a livre circulação. Alguns países eliminaram tal conduta, que é da natureza humana, escrevendo no assoalho dizeres ou lembretes como "desobstrua a passagem" (*clean the way*), "libere a porta" (*free the door*) ou "mantenha liberado" (*keep free*). Também as pessoas se educaram para dizerem gentil e firmemente "com licença, por favor!" (*excuse me, please!*).

Conversador – Constitui falta de educação conversar em voz alta no elevador, no interior de transporte coletivo, no restaurante, enfim, onde há outras pessoas em volta e que não estão interessadas naquela conversa. Chega-se até a fazer questão que os demais ouçam e até participem do assunto, em certos casos totalmente desinteressantes para a totalidade do grupo, como futebol, política ou religião, por exemplo.

Fura-fila – É o impaciente, que acha que seus direitos vêm antes dos demais. Num balcão, não vacila em estender o braço, ou interromper o atendimento, para atravessar uma pergunta ou até mesmo, acintosamente, colocar seu questionamento ou consulta, absolutamente esquecido de que há alguém, um cidadão, que chegou primeiro. Esse comportamento, há muito enraizado, não chega, muitas vezes, a ser percebido pelo abusivo como ato pouco civilizado, tal o costume e a prática reiterada.

Trombadinha – é aquele que anda trombando com os outros. Circula em zigue-zague. Faz mudança de direção ou para súbita e inesperadamente. Dá meia-volta de repente. Não respeita o espaço do outro.

Pato-choco – É o tranquilão. Se na direção de veículo automotor, não se incomoda com o que lhe vem atrás. Anda abaixo da velocidade mínima. Para em fila dupla. Abandona o veículo. Obstrui a passagem. Estaciona mal. É uma conduta antissocial, indisciplinada, deseducada. Nós, latinos, precisamos melhorar-nos nesses aspectos.

Apressadinho – Ao contrário do pato-choco, o apressadinho acha que só ele tem o direito de chegar logo. Trafega pelo acostamento, "corta" pela direita, ultrapassa em lombadas, ou sobre as faixas divisórias amarelo-contínuas. Freia ou acelera com intermitência, produzindo desgaste prematuro dos componentes do veículo, pastilhas e lonas de freio, além de gasto desnecessário de combustível, quando não acidentes de trânsito, de resultados desagradáveis. Nas filas para tomar coletivos, trombam com os que lhe estão à frente, no ingresso pela porta do veículo. Conduta lastimável.

Há outras condutas públicas que merecem reparos, mas fiquemos nestas principais, na esperança que nos eduquemos a todos.

A pedra de toque do Evangelho é amar (e respeitar) o próximo.

XXVIII

Avaliando as religiões

A PRESTIGIOSA REVISTA *Newsweek*, em artigo assinado por Claudia Kalb, chama a atenção para um fato novo que vem ganhando corpo nos meios médicos nos Estados Unidos, qual seja aliar a terapêutica medicamentosa, ou mesmo psicológica, às práticas religiosas, despertando e ensinando a usar a oração e a fé, que, segundo o Evangelho, remove montanhas.

Dentre os pesquisadores e cientistas que sinalizam favoravelmente à nova terapêutica destacam-se o psiquiatra e geriatra Harold Koenig, da Universidade de Duke, na Carolina do Norte, Estados Unidos; Dr. Jerome Groopman, da revista *The New Yorker*, que escreveu *A anatomia da esperança*, no qual aborda o otimismo e a fé e seus efeitos na saúde humana e, Dr. Andrew Newberg, da Universidade da Pensilvânia, também nos Estados Unidos, que baliza suas pesquisas a partir de imagens escaneadas do cérebro.

Segundo a *Newsweek*, 72% dos americanos afirmam que gostariam de conversar sobre fé com seus médicos e o mesmo grupo confessou que também acredita no poder das orações.

Essa nova onda de fé acredita que ¾ dos pacientes acaba se beneficiando, mesmo com preces direcionadas entre pessoas que nem se conhecem.

O milionário John Templeton gasta anualmente 30 milhões de dólares patrocinando projetos que estudam a natureza de Deus e o Instituto Nacional de Saúde, dos Estados Unidos, pretende gastar 3,5 milhões de dólares na medicina que aborda corpo-mente.

Enfim, ciência e religião dando-se as mãos. Pois a religião sem ciência é capenga. A ciência sem religião é claudicante.

Pesquisas neurocerebrais, com auxílio de ressonância magnética, demonstraram que as imagens da energia produzida nos hemisférios cerebrais tornavam-se mais claras e brilhantes sempre que estimuladas por pensamentos e palavras elevadas, ligadas ao amor, a Deus.

A interação mente-espírito vem sendo explorada, cada vez mais, principalmente pelo Dr. Nubor Facure, da Universidade de Campinas, SP, com apoio da Associação de Medicina e Espiritismo.

Realmente o "modelo organizador biológico", imaginado e assim classificado, pela primeira vez, pelo Eng° Hernani Guimarães Andrade, de São Paulo, é hoje assertiva definitiva da ciência. Aliás, único brasileiro a ter seu nome inscrito na Academia de Ciências de Moscou.

XXIX

Depressão: causas e prevenção

DR. FRANKLIN RIBEIRO, diretor do Grupo Espírita Hosana Krikor e membro do Núcleo de Estudos dos Problemas Espirituais e Religiosos do Instituto de Psiquiatria da Universidade de São Paulo, em entrevista à *Revista Cristã de Espiritismo*, afirma que, segundo uma tese apresentada em um congresso de psicanálise em Roma, a falta de carinho e atenção pode causar depressão.

As conclusões basearam-se em estudos realizados com um grupo de 165 bebês, no qual se verificou que os que se afastavam dos pais, por algum motivo, após os seis primeiros meses de vida, em comparação com os que conviviam com os pais e recebiam carinho e atenções, choravam muito mais vezes. Notaram, também, nos primeiros, perda de peso, chegando alguns até mesmo a falecer.

Na adolescência, prossegue o estudo, devido a falta de carinho, os sintomas mais comuns são a irritabilidade, agravada com o uso do álcool e das drogas. Nos idosos, o sintoma mais decorrente é o esquecimento exagerado.

Ser reconhecido é uma grande necessidade humana. A sensação de vazio causa angústia. Neste ponto, a fé em

Deus é um grande coadjuvante na prevenção do problema. A sensação de que Ele está sempre conosco, do nosso lado, que não nos abandona um só instante e não nos condena para sempre, porque é Pai amantíssimo, nos reconforta.

Na realidade, o indivíduo tem um sentimento de autoestima, das coisas que agradam e desagradam, do que faz de bom ou de ruim. Enfim, uma consciência julgando-o todo o tempo, em verdade, o verdadeiro juízo. A culpa e o remorso, a mágoa e o ressentimento, levam a pessoa a estados depressivos, afirma o Dr. Ribeiro. Assim, o Evangelho do perdão atua como um poderoso lenitivo. Deve-se perdoar para que também se seja perdoado e perdoar significa esquecer. Virar a página. Enfim, **amor** e **perdão** são substratos essenciais à felicidade do homem.

Fatores genéticos podem ser agentes contributivos, que devem ser controlados com antidepressivos médicos, mas também com a terapia da ajuda, do amor, do convívio familiar, da sensação de solidariedade e serviços. Quantos idosos há, mormente aposentados, que sem ter o que fazer, sentem-se desprezados. Não se prepararam para a aposentadoria. Não buscaram alternativas. Não souberam encontrar substitutivos, especialmente no campo assistencial e filantrópico. Quem enxuga as lágrimas do próximo não tem tempo de chorar as suas.

Autoconhecimento já é um bom começo. Analise-se. Conhece-te a ti mesmo (*cognosce te ipsum*). A meditação e a prece são outro antídoto para prevenir a depressão. Ao deitar-se e ao acordar, passar em revista os fatos do dia ou da noite. Orar. Não somente para pedir, mas para agradecer. Aceitar-se. Viver não para **ter**, mas para **ser**. Aprender o valor das pequenas coisas, como uma pequena jardinagem, um joguinho de dominó ou de damas, um passeio a pé, o entardecer ou o nascer do dia. Refletir sobre a grandeza do Universo, a beleza das estrelas. Retomar o gesto do namoro, dizer uma palavra de afeto, fazer uma carícia no rosto, um afagar nos cabelos. Ter uma lembrança agradável. Não se deter nos pensamentos pessimistas. Ver o lado bom das coisas, mesmo que haja perdas a lastimar. Planejar pequenas tarefas que possa realizar com satisfação e êxito. Regozijar-se com pequenas vitórias. Ter a sensação de contribuir para o macro com pequenas realizações. Sentir-se incluído no todo. Não ter vergonha de si mesmo. Satisfazer-se com o ego afagado, mediante reconhecimento do próximo. Manter uma boa prosa. Não falar só de si mesmo, mas buscar interessar-se pelo outro. Escolher sempre uma boa palavra, uma feliz observação, uma agradável opinião ou aconselhamento.

Não há roupa feita ou remédio padrão. Cada qual deve avaliar o que mais lhe convém. Mesmo que não seja a melhor coisa do ponto de vista da maioria, como é o caso das realizações no campo econômico-financeiro. Buscar a satisfação nas pequenas coisas da vida, valorizando os valores morais e espirituais, que são imorredouros, que o ladrão não rouba e a traça não consome.

Certas aquisições o dinheiro não compra. É muito comum ver-se pessoas de recursos com dificuldades em libertar-se de estados depressivos. Enquanto outras há que, embora não detenham grandes posses, carregam dentro de si uma aura de paz e felicidade.

Portanto, uma coisa independe da outra.

Alguns consideram-se infelizes, porque buscam sempre o querer mais, como insaciáveis. Outros agradecem o que têm, satisfazendo-se com pouco.

O pouco, com Deus, é muito. O muito, sem Deus, é nada.

XXX
Cefaleia orgástica

A DOR DE CABEÇA que acontece durante o contato sexual, começando três minutos antes da sensação de prazer, evolui rapidamente, atinge o auge no momento do orgasmo e persiste nas horas seguintes, foi diagnosticada como cefaleia orgástica, e tem como causa o estresse.

A lei de procriação impele as pessoas umas às outras, por atração, que deve ter como motivação o afeto, a família, a prole, a solidariedade, na alegria e na tristeza, abençoada como uma intervenção do Divino na consecução da vida. Isso pode sofrer injunções como a cefaleia orgástica, notadamente se o ato sexual não for acompanhado de um espírito nobre e elevado, ou seja, consequência de uma responsabilidade assumida.

Werner Habermehl, pesquisador do Instituto de Pesquisas Médicas de Hamburgo, na Alemanha, garante que *"fazer sexo desenvolve o cérebro"*, visto que a adrenalina e os hormônios de cortisona são liberados, estimulando a produção de massa cinzenta.

Por vezes ocorrem relacionamentos ocasionais, espúrios, em que a sensação de "pecado" acompanha a mente ou consciência das pessoas envolvidas, gerando ansiedade e estresse, o que pode até mesmo afetar o resultado esperado. Inclusive incorrer em mau resultado, ou não concorrer para o desfecho esperado.

Assim, a relação sexual, que não tem nada de pecaminosa, pode, em alguns casos, revestir-se desses atributos se não for abençoada pelo Espírito Superior que dirige as nossas vidas.

Estamos nos libertando progressivamente dessa conduta mais próxima do reino animal, revestindo os relacionamentos de uma certa aura de santidade, valorizando o afeto, o amor, antes de tudo.

O simples beijar e "ficar" vem perdendo espaço paulatinamente, nas sociedades organizadas, cedendo lugar a relações mais duradouras e afetivas.

XXXI

A semeadura é livre, a colheita é obrigatória

O POVO NORTE-AMERICANO, que alguns dizem ser os romanos reencarnados, tem uma predileção por temas de violência. Basta ver a temática dos filmes produzidos em *Hollywood*. Antes faziam sucesso os *bang-bangs*, ou *westerns*, que tanto encantaram a nossa juventude, com Hopalong Cassidy, John Wayne, Durango Kid, Zorro; os famosos musicais da Broadway, com Fred Astaire, Doris Day e Elvis Presley, que alegravam as plateias; os românticos, de Humphrey Bogart, Lana Turner, Hedy Lamarr, Clark Gable, Rock Hudson; e até mesmo os filmes épicos, como *Moisés, A Queda de Troia, Quo Vadis, E o vento levou...*

Demonstravam, já àquela época, certa predileção também pelas "façanhas" de guerra, retratando batalhas contra japoneses e alemães na II Grande Guerra, quase sempre despertando o amor pelas armas e o sentimento de defesa à pátria, exaltando a esperteza e audácia de seus soldados.

Mas nada se compara aos atuais filmes de violência. Seja com os Robocops, os Schwarzneggers, os Stallones, os Van Dames, sejam os próprios filmes de guerra, retratando o Vietnã, em geral despertando nos seus jovens sentimentos de heroísmo.

Entretanto, um fato mais grave, que terrifica a população, não apenas do seu próprio território, mas de quase todo o mundo que tem acesso às mega produções cinematográficas *hollywoodianas*, são os chamados "filmes de pânico". Dentre eles enumeramos *O dia seguinte, Tubarão, Terremoto, Pânico, Anaconda, O alienígena, O inferno na torre* e *O inferno de Dante*. Todos com muita destruição e adrenalina, que parece ser o agente motivador para atrair bilheterias de gente sequiosa por emoções. Nem mesmo Jesus se salvou, com o muito comentado *Paixão de Cristo*, onde o diretor Mel Gibson usou e abusou da violência, o que gerou protestos em todo o mundo.

Tudo parece ter começado com o filme *O dia em que a Terra parou*, de Orson Wells, que para maior realismo anunciou, pelo rádio, a tal invasão, como se estivesse ocorrendo, fazendo tomadas de cenas ao vivo, com o povo correndo pelas ruas de Nova Iorque. Deu muito "ibope" e mostrou o filão que seria explorado. Em detrimento da paz e da beleza da sétima arte.

Contudo, essa mesma violência que os produtores plantam no cenário americano e também mundial tem de volta, pela natural lei de causa e efeito, um retorno dentro, principalmente, das suas hostes. O povo norte-americano é, certamente, o que mais tem sido vítima da própria violência, seja interna, seja externa. Assaltos, crimes hediondos, guerras. Enfim, o homem passou a ser efetivamente "*lobo do próprio homem*", como preconizava Hobbes (*homo homini lupus*).

Ora, sabemos que Jesus afirmou, em sua imorredoura doutrina, que a semeadura é livre, mas a colheita é obrigatória. O livre-arbítrio enseja-nos fazer o que bem entendermos. Mas, de tudo que plantarmos, que fizermos, que realizarmos, disso daremos contas, a nós mesmos, à nossa consciência, juízo final dos nossos atos.

Portanto é preciso plantar-se a paz. A mesma paz de Mahatma Gandhi, que disse que o amor de um pode pacificar o ódio de milhões.

Líderes mundiais em todos os continentes promovem movimentos em favor da paz e perguntamos: o que eu posso individualmente fazer?

Bem, façamos como o pequenino beija-flor, que carregava água no biquinho a fim de apagar o incêndio na floresta. Façamos nós a nossa parte. Pacificando os filhos, os colegas de trabalho, os vizinhos, quem quer que tenha contato conosco, mas, para isso, é preciso que, em primeiro lugar, pacifiquemos a nós mesmos. Adquirir uma atitude de paz, de conciliação, de perdão das ofensas.

Certa ocasião, numa festa de aniversário de uma criança, num estabelecimento preparado para entreter e divertir a gurizada, vi, estarrecido, alguns meninos jogando um "game" em que um helicóptero jogava bombas, quando acionado, pela mão infantil, o botão do *joystick*, despejando explosivos justamente sobre seres humanos.

Ou seja, os jogos disponibilizados para crianças, e quase sempre por elas desejados, "com muita adrenalina", já induzem à violência, desde jovenzinhos.

E aí começam a comportar-se como se a vida humana nada valesse. Com um simples apertar de botões "derrubam" bonecos semelhantes aos humanos. Daí evoluir para queimar mendigos ou agredir aos professores, impunemente, é um passo desastroso.

Aos pais e mestres incumbe selecionar a diversão dos filhos.

XXXII
O remédio da esperança auxilia no tratamento

DR. JEROME GROOPMAN, professor da Faculdade de Medicina da Universidade de Harvard, nos Estados Unidos, e chefe do departamento de Medicina Experimental do Beth Israel Deaconess Medical Center, em Boston, no mesmo país, em seu livro *A anatomia da esperança* diz que há dados que mostram que os pacientes esperançosos recuperam mais rapidamente a saúde e têm uma taxa de sobrevida maior. Ele cita um estudo da dra. Elisabeth Kubler-Ross, psiquiatra suíço-americana que há três décadas pesquisou os sentimentos dos pacientes que recebem notícia de que têm uma doença grave, onde mostra que há um momento inicial de **negação da doença**, seguido de **raiva**, em virtude da doença, **negociação com a religião** (*"se ficar bom prometo..."*), **depressão** e, finalmente, **aceitação**.

Dr. Groopman afirma que um simples placebo pode alterar o estado do paciente, numa enfermidade, por exemplo, como o mal de Parkinson; acreditando estar medicado, o doente logo apresenta melhoras efetivas, fato devido, principalmente, a uma substância segregada pelo cérebro, a dopamina, que age no corpo físico. Ele aduz que enquanto o placebo tende a ter o seu efeito reduzido, a esperança, ao contrário, pode ser sempre recarregada. E narra a história de uma sua paciente, portadora de câncer em fase terminal, que lhe dissera que ele deveria cuidar do seu Espírito, já que o corpo não respondia mais. O médico diz que é imprescindível aquietar a mente, pois isso traz benefícios diretos ao organismo, como a redução da pressão arterial e dos batimentos cardíacos e conclui: *"Um paciente esperançoso pode viver mais, ou não. Mas, pelo menos, vive melhor consigo próprio. E essa é uma ótima razão para se ter esperança."*

No século XIX, Oliver Wendell Holmes, ensaísta, médico e professor da Universidade de Harvard, nos Estados Unidos, escreveu: *"Cuidado para não retirar a esperança de outro ser humano"*, referindo-se ao fato de, em caso de doenças terminais, dissipar as esperanças do paciente.

Nós espíritas dizemos que a vida pertence a Deus e que Ele, somente Ele, pode dela dispor. Que não devemos apagar as esperanças. Curas espetaculares sempre aconteceram. Prolongamento da vida corporal, também. Isso nos mostra o Evangelho, mas acima de tudo a cura da alma, a saúde do Espírito.

XXXIII

Loucura

DIZ-SE QUE DE MÉDICO e louco todos temos um pouco. Algumas vezes criticamos excentricidades enxergadas no próximo. Somos acres com relação às faltas alheias, esquecendo-nos de ver o argueiro em nossa própria vista. Tolerantes para com nossos próprios erros e excessos.
  Não consideramos as loucuras representadas pelo desvario da bebida alcoólica ou do uso do cigarro, verdadeiro suicídio, ou a insanidade da sexolatria. Ou, ainda, a busca ensandecida pela fortuna ou pelo poder, que são também maneiras de escravidão e apego aos bens materiais.
  Valorizamos o **ter** em detrimento do **ser**.
  Conheci um rapaz que era considerado meio aloprado, mas que carregava com sofreguidão e alegria os processos, levando-os de um prédio a outro das edificações que compunham o centro industrial onde laborávamos. Talvez um "sadio" achasse aquela tarefa fastidiosa e não a executasse.
  Há muitos "doidos" prestativos e solidários de fazer dó. Desprendidos e desapegados, estão sempre prontos a bem servir.
  Outros, ditos sadios, aparentemente, "encostam-se" para

não trabalhar. Usam de artifícios vários para aproveitar-se, levar vantagem.

Pessoas tidas como excêntricas, portadoras de QIs bem acima do normal, ou que mergulham de corpo e alma, freneticamente, num trabalho, apegadas a uma missão, são consideradas extravagantes. Somente fazem mal a si mesmas, entregues completamente às tarefas que elegem como objetivo final em suas vidas.

Portanto, podem ser ultimamente aproveitadas e ser mais benéficas que maléficas.

Bem-aventurados os mansos e pacíficos.

CAPÍTULO ESPECIAL

As bem-aventuranças

SOB ESTE TÍTULO enfocaremos uma das passagens mais belas do Evangelho do Cristo. Com ela, o Senhor Jesus nos esclarece quais são os verdadeiros remédios para a alma. Os valores que devem ornar o espírito do homem. Valores imorredouros que a traça não rói e os ladrões não roubam. Valores a que têm acesso ricos e pobres, sãos e doentes, embora uma situação não signifique a outra, posto que ao ser questionado por que dormia em casa de Zaqueu, cobrador de impostos, ou porque permitia-se o convívio com pessoas de má fama, respondera que os doentes são os que mais precisam de médico.

O Divino Rabi elencou, no famoso Sermão da Montanha, algumas bem-aventuranças, de forma exemplificativa, e não taxativa, como veremos a seguir:

BEM-AVENTURADOS OS QUE CHORAM, porque serão consolados; (...) OS QUE TÊM FOME E SEDE DE JUSTIÇA, porque serão fartos; (...) OS PERSEGUIDOS POR CAUSA DA JUSTIÇA, porque deles é o reino dos Céus (Mateus, V: 5,6 e 10).

Os que choram são bem-aventurados porque se algo ou alguém os magoou é porque o mereciam e, nesse caso, carpiram uma culpa, resgatando um passado, próximo ou remoto. Se não tinham culpa alguma, em vez de expiação de faltas foi uma prova, na qual tiveram a oportunidade de dar o testemunho, resignar-se, como fez o próprio Jesus, que nada devia e foi submetido a toda sorte de suplício e, mesmo assim, pediu ao Pai perdão para seus algozes.

Os que têm fome e sede de justiça, porque se eventualmente injustiçados, ou seja, credores, amealham valores que o tempo (traça) não corrói. Aparelham o Espírito. Burilam a alma no cinzel do sofrimento.

Os perseguidos por causa da justiça, posto que se injustamente buscados, tornam-se merecedores de reparações, ou estão curtindo uma falta passada, desta ou de outras encarnações. Estão equilibrando-se das lembranças ou remorsos que podem atormentar-lhes a consciência, tribunal maior que reside em cada um de nós, cobrando equilíbrio do passado com o presente. Assim, libertados das culpas, ingressam no Reino dos Céus em paz consigo mesmos. A linguagem era difícil de entender para aquela época em que o Mestre dos Mestres pregou, mas ele dizia ouçam os que têm ouvidos para ouvir, enxerguem os que têm olhos para enxergar. Ainda prometeu mandar um Consolador para esclarecer melhor suas palavras, o Espírito de Verdade, que é exatamente a Terceira Revelação (a primeira foi a de Moisés, no Monte Sinai, com as Doze Tábuas da Lei). Revelações contidas na obra kardeciana, que compilou os dizeres dos espíritos, em alguns casos os próprios evangelistas, em Espírito. Mais ainda, complementadas pelos seguidores, como Léon Denis, Chico Xavier, Divaldo Franco e tantos outros.

BEM-AVENTURADOS OS POBRES DE ESPÍRITO (Mateus, V:3).

Por **pobres de espírito** entende-se os despidos de vaidade, de orgulho, os simples como uma criança. Os que não guardam tesouros, mas faculta-se-lhes entesourar verdadeiras virtudes, que se acumulam sem molestar a quem quer que seja, agregando sem retirar de outrem. Uns dizem "pobres em espírito".

BEM-AVENTURADOS OS LIMPOS DE CORAÇÃO (Mateus, V:8).

Limpos de coração são os que não carregam ódio, ressentimento, inveja, ciúme, enfim, tudo o que atormenta. Despidos de preconceitos, não se tornam julgadores implacáveis, mas perdoam sempre, como Jesus fez com Madalena, deixando atônitos seus perseguidores, que não puderam atirar a primeira pedra, mas ao despedir-se, o Cristo disse à mulher adúltera: *"Vai e não peques mais"*. Portanto, não *"passou a mão pela cabeça"*. Mitigou a perseguição e a falta, porém registrou um conselho.

BEM-AVENTURADOS OS MANSOS E PACÍFICOS (Mateus, V:4).

Por **mansos e pacíficos** entende-se os pacificadores, os que carregam dentro de si a própria paz. Mansuetude sempre, sem agressividades, sem julgamentos, visto que, quase sempre, vemos um cisco no olho do vizinho, mas não enxergamos uma trave em nossos próprios olhos. Devemos primeiro julgar a nós mesmos, verificando o *"conhece-te a ti mesmo"* (*cognosce te ipsum*) inscrito no portal do Templo de Delphos, na Grécia antiga.

BEM-AVENTURADOS OS MISERICORDIOSOS (Mateus, V:7).

São estes os que têm pena, se solidarizam, sofrem junto. Os que ajudam aos que tropeçam e claudicam. Os que têm bondade no coração. Sempre prestes a colaborar, desprovendo-se de si mesmos em benefício do próximo, como a viúva, que se desfez da única moeda de que dispunha ao doá-la ao Templo. Os que em vez de julgar, perdoam. É claro que cada um compensa seus pecados, expia suas culpas, na medida em que se liberta da própria consciência acusadora, e, por isso mesmo, é segregado, separado; não por discriminação, mas limitado pelo peso das vibrações inferiores que o aprisiona. Dessa forma misericórdia se assemelha à caridade, pois sem ela, caridade, no dizer do Apóstolo Paulo, não há salvação.

II Parte

A vivência da moral de Jesus traz felicidade

Segundo Allan Kardec, em **O Evangelho segundo o Espiritismo**, o ensinamento moral de Jesus é a essência de sua mensagem, a parte que permanece inatacável. Esclarece o codificador da Doutrina: "Para os homens em particular, esse ensinamento moral é uma regra de conduta que abrange todas as circunstâncias da vida privada ou pública, o princípio de todas as relações sociais fundadas sobre a mais rigorosa justiça.
É, enfim, e acima de tudo, o caminho infalível à felicidade a ser conquistada, uma ponta de véu levantada sobre a vida futura."

O evangelho também traz felicidade

CULTIVANDO A FELICIDADE. QUINZE REGRAS PARA FAZER AS PESSOAS SE SENTIREM MAIS FELIZES E SAUDÁVEIS

Há muitas obras de autoajuda no mercado. Algumas campeãs de vendagem, tal a preocupação do ser humano com a própria felicidade.

Ainda que haja respostas para tudo no Evangelho, que é um santo remédio, dá-se mais valor àquelas despidas de qualquer vinculação ou sentimento religioso, notadamente assinadas por médicos, psicólogos e terapeutas os mais diversos, mormente em face da resistência natural a engajamentos.

Entretanto, um não afasta o outro. A base de tudo, sem dúvida, é o Evangelho Cristão, sem qualquer demérito para os demais segmentos religiosos, muitos dos quais, como o Confucionismo, o Budismo e o Hinduísmo, por exemplo, completam a obra do Nazareno, que foi o maior exemplo encarnado que o Pai legou para nossa ascensão moral e espiritual.

Apenas à guisa de sugestões, alinhamos alguns procedimentos que podem ajudar a tornar o ser humano mais feliz. Vejamo-los:

1. FAÇA ALGO DE BOM A CADA DIA

Pequenas vitórias dão-nos a satisfação pessoal de que precisamos para atravessar eventual agrura do dia a dia. Semeie uma planta, faça um exercício físico, leia algo que lhe faça crescer, prepare uma refeição, realize uma pequena tarefa, desincumba-se de uma obrigação, ligue para alguém, responda um e-mail, prepare a criança para a escola. Enfim, dê-se uma autossatisfação logo no início da jornada diária.

Se você tem inúmeras preocupações, múltiplas tarefas, no lar ou fora dele, não se apoquente. Como numa prova de múltipla escolha, comece pelas mais fáceis. Você verá, aos poucos, que as outras fluirão mais livremente. Desanuvie a mente. Acredite em você mesmo, de que é capaz de dar conta do recado. Fortaleça seu ânimo.

Já ao acordar é bom orar. Faça a prece agradecendo pelo dia anterior, pelas benesses auferidas. Pelos amigos, aquisições, realizações proveitosas e peça a Deus para que tenha um bom-dia, na certeza que a Sua Misericórdia é infinita, que Ele sempre nos acode e nunca nos abandona. Mantenha o sentimento de que não estamos sós em circunstância alguma, todos temos um amigo Espiritual.

Assim, **o trabalho é um bom remédio.**

2. SEJA POSITIVO

Pesquisa realizada pela Clínica Mayo, nos Estados Unidos, durante trinta anos concluiu que pessoas pessimistas têm uma probabilidade 19% menor de alcançar a expectativa média de vida.

Cumprimente as pessoas. Dizer "bom dia", "boa tarde" e "como vai" demonstra que estamos de bem com a vida e o retorno é imediato. As pessoas responderão no mesmo tom. Ame-se, doando a si mesmo para que você também seja objeto de demonstrações de carinho.

As pessoas afastam-se de carrancudos. Sorria sempre que puder. O sorriso irradia felicidade e contagia.

Um abraço ou aperto de mão dissipa energias boas e gera um retorno energético no mesmo diapasão. Dra. Laura Johnson costumava receitar aos seus pacientes que dessem um abraço em outra pessoa sempre que possível. Um abraço em alguém de quem gostamos reduz à metade os efeitos do estresse diário, segundo estudos da Universidade da Carolina do Norte, nos Estados Unidos.

Havia um juiz americano que, ao ingressar em um ônibus, a primeira coisa que fazia era dar um abraço no motorista. O condutor do coletivo, que normalmente passa o dia ouvindo reclamações e impropérios, sentia-se reconfortado e, reconhecendo o juiz muito popular na cidade, ficava imensamente orgulhoso daquele abraço fraternal.

Pense positivo. Aja positivo. Encare os alimentos que ingere de forma positiva. Aceite as tarefas do dia a dia de forma positiva. Receba as adversidades, também, de forma positiva, acreditando que após a tempestade virá a bonança e que recebemos segundo nossa necessidade e de acordo com nosso merecimento. Lute para resolver os problemas e resigne-se com aqueles que não pode remover ou solucionar de imediato.

Abaixo estão 10 razões para cultivar o bom humor.

SORRIR:
- Melhora a absorção de oxigênio.
- Estimula a ventilação pulmonar.
- Acelera o ritmo cardíaco.
- Ativa a circulação e a oxigenação dos tecidos.
- Reduz a pressão arterial.
- Exercita os músculos da face, dos ombros, do diafragma e do abdômen.
- Favorece a digestão.
- Proporciona uma sensação de relaxamento.
- Combate o estresse e a ansiedade.
- Aumenta as defesas do organismo, sobretudo das células incumbidas de combater infecções.

3. TENHA EMPATIA

Muitas vezes mergulhamos em nossos problemas, achando que são os maiores do mundo e nos engolfamos em ideias pessimistas, derrotistas. Acreditamo-nos incapazes de solucioná-los, ou achamo-nos em dificuldade para superá-los.

Por outro lado, levados pelo egoísmo, ínsito à natureza animal que ainda habita em nós, fechamo-nos ensimesmados em nós mesmos, sem abertura para verificar o próximo, o que se passa com a pessoa imediatamente ao nosso lado ou à nossa frente. Olvidamos que as experiências do outro podem ser-nos muito úteis em alguns casos.

Quase sempre verificamos apenas o nosso lado, os nossos problemas. Mas é a **empatia** a capacidade de vestirmos a camisa do outro, ou seja, analisarmos os fatos como se fôssemos o outro, com seus próprios sentimentos.

Lembro-me, quando era rapazinho, meu carro atolou na areia, em Amaralina, bairro praiano de Salvador, numa noite escura de domingo e pedi a um transeunte, que passava carregando duas sacolas, que me ajudasse, empurrando o veículo. O mesmo olhou-me por alguns segundos e continuou seu caminho. Aborreci-me com sua falta de solidariedade. Mas alguns minutos depois, já liberto da areia, refleti sobre o caso e concluí que não era razoável o que eu gostaria que o passante tivesse feito: interromper sua jornada (talvez estivesse largando o serviço, cansado e sem jantar) para vir me acudir. A empatia me ajudaria a perdoá-lo e esquecer o assunto.

Portanto, nada como calçar o sapato do outro para ver onde é que está apertando.

Nem sempre as coisas são como gostaríamos que fossem. Aceitemos os fatos e sejamos razoáveis.

4. É MELHOR SER DO QUE APENAS TER

Uma preocupação em nossa cultura é o acúmulo de bens e riquezas. É como um cesto furado: quanto mais temos, mais queremos. E vivemos insaciados e infelizes.

Queremos um carro mais novo – e invejamos o do vizinho. Gostaríamos de ter uma nova casa ou um outro imóvel na praia. Admiramos as ofertas coloridas dos encartes dos jornais, ou ansiamos pelas novidades exibidas nos canais de TV e nos atormentamos. Não há salário que chegue. Vivemos a febre do consumismo.

Conta-se que um indiano, com suas vestes tradicionais e de alpercatas, percorria um imenso magazine nova-iorquino seguido de perto pelos seguranças, que desconfiavam daquele homenzinho calmo, que apreciava tudo que via, sorridente, mas nada comprava. À saída do majestoso prédio, na 5ª Avenida de Nova Iorque, o guarda tocou-lhe gentilmente no ombro e falou: *"Senhor, não entendi porque visitou vários departamentos do nosso shopping, sempre sorrindo e..."*

— Não se preocupe, senhor – retrucou o indiano. – É que não preciso de nada daquilo que as pessoas avidamente adquiriam.

A missionária Vicki Robin, 60 anos, escritora graduada da Universidade Brown, nos Estados Unidos, autora de *Seu dinheiro ou sua vida*, chamada pelo *New York Times* de "profeta dos enxugadores do consumo", percorre o mundo dando palestras sobre o que denomina a febre do consumismo, alegando que as pessoas consomem por vergonha de não ter o que a outra tem, ou de parecer ter menos, ou de ser menos bonita, ou menos esguia. Enfim, valores com os quais a sociedade consumista impregnou o homem moderno, na cultura do consumo exagerado. Para ela, não é necessário viver no campo para ter-se uma vida simples, que pode muito bem ser alcançada a partir de uma remodelação interior. Analisa que gastamos grande parte das horas trabalhadas só para termos algo, que afinal de contas não vai proporcionar grande coisa. Segundo o que ensina em suas terapias e palestras, a "doença do muito" pode e deve ser controlada.

Em verdade, muitas vezes adquirimos coisas de que não precisamos, roupas e sapatos que quase nunca usamos, eletrônicos e máquinas que já nem lembramos que temos guardados. Cultuamos o **ter**.

Entretanto, o mais importante na vida é o **ser**. Os valores espirituais, que a traça não rói e o ladrão não surrupia. Esses valores, do **ser**, estão acessíveis a todas as criaturas, independentemente dos seus ganhos salariais.

Diz-se que a felicidade é do tamanho que a construímos. Se a fazemos do tamanho de nossas enormes aspirações, em alguns casos inalcançáveis, ficamos infelizes. Se, ao contrário, modulamos nossos desejos a um limite razoável de expectativas plausíveis, possíveis, vivemos em paz conosco mesmos.

Portanto, a felicidade é possível aqui mesmo na Terra. Em alguns casos, ela está aí, bem à nossa frente e não a percebemos. Como o canto de um pássaro à janela. A brisa matutina, com os primeiros raios invadindo o nosso lar. A quietude do entardecer. A noite estrelada, quando examinamos a grandeza do Criador. Um riacho que corre, célere, alimentando a floresta. As flores que semeamos no jardim. O sorriso alegre e inocente de uma criança. Parece bobagem, mas dizemos: "*Não havia reparado antes...*" Não tínhamos tempo. Corríamos atrás do dinheiro, e, dado o caráter da busca incessante, nunca nos satisfazíamos.

Assim, para sermos felizes, precisamos reciclar nossa maneira de ser, de pensar, agir e sentir, buscando nas pequenas coisas da vida o sentido da criação. No bem que fazemos, na lágrima que enxugamos, no amparo que ofertamos, na dádiva que entregamos, nos filhos e netos que educamos etc.

5. FALE AO OUTRO O QUE ELE GOSTARIA DE OUVIR

Por egoísmo, muitas vezes falamos apenas de nós ou de assuntos que somente a nós interessam. Expomos nossas aflições, que para nós são muito importantes, mas que nada dizem, quase sempre, para o outro que nos escuta. Por falta de empatia, esquecemos de indagar em nosso íntimo: "Será que estou interessando? Será que estou sendo chato?" E, assim, mudarmos radicalmente o assunto.

Devemos buscar "ler" no pensamento ou nas atitudes do interlocutor seu grau de interesse. É como na sala de aula, onde precisamos passar o conteúdo, em alguns casos abstrato e chatíssimo, buscando "dourar a pílula", envolvendo a narrativa com exemplos que despertem interesse, com "causos" do dia a dia. Assim, também, deve ser com relação a toda e qualquer conversa. Procurar sentir (*feeling*) o outro, sua "pulsação".

Engolfados em nossas próprias emoções e narrativas, não nos apercebemos o quanto, muitas vezes, nos tornamos chatos, repetitivos. Isso acontece, também, em alguns casos, quando gozamos de algum poder, alguma influência, mesmo que momentânea, quando as outras pessoas se tornam atenciosas e aí aprendermos a não cultivar essa habilidade de detectar os nossos erros, nossos vícios, nossa chatice. Falta-nos "desconfiômetro".

Um bom método para evitar incorrermos nessas faltas é aprendermos a exercitar a autoanálise, a verificação crítica do que dizemos e pensamos. Principalmente quando nos deparamos com pessoas que não têm obrigação alguma de nos escutar.

Assim, descubramos assuntos de interesse comum, ou que mais interessem ao outro, ou simplesmente aprendamos a ouvir mais do que falar. Para isso a natureza dotou-nos de dois ouvidos e uma só língua.

6. AME-SE: CUMPRIMENTO É BOM E EU GOSTO

Pesquisa da Universidade da Carolina do Norte, nos Estados Unidos, concluiu que um simples abraço reduz à metade os efeitos do estresse sobre a pressão arterial e a frequência dos batimentos cardíacos.

Doutores da Universidade Brown, nos Estados Unidos, descobriram que pessoas com altos índices de hostilidade têm 6% mais de possibilidade de sofrerem doenças cardíacas.

Em outras palavras: o mau humor mata.

Além do sorriso e do abraço, ou do aperto de mão, nada como dar um "bom-dia", uma "boa-tarde", uma "boa-noite", "como vai" etc., mesmo a pessoas que mal conhecemos. Expressões como "desculpe" ou "com licença" fazem bem a quem as pronuncia.

Estar de bem com a vida significa, também, estar de bem consigo mesmo, e passar essa alegria para os que estão ao redor.

A "cara feia" e o mau humor fazem mais mal aos que os carregam consigo do que ao próximo. Da mesma forma que o ódio, que destila veneno nas artérias e faz mal ao coração, o bom humor e a alegria de viver são antídotos contra o estresse e prolongam a vida.

Se você se ama, permita que outros também o amem, apreciem a sua presença, sintam orgulho em ser seu amigo, desejem se aproximar, conversar.

Afinal, é possível aprender a amar-se, a se querer bem.

7. DEDIQUE-SE AO SEU TRABALHO, POR MAIS SIMPLES QUE PAREÇA

Não existe trabalho humilhante. Toda realização feita com amor, por mais estafante ou mal remunerada que seja, produz um bem em quem a pratica.

Aprender a valorizar pequenas tarefas é muito importante para massagear o ego, desenvolver a autoestima. Como no caso do pedreiro, que estava assentando as primeiras pedras de um alicerce do que seria, no futuro, uma igreja e, ao ser perguntado o que fazia, respondeu: *"Estou construindo uma Catedral."*

Em alguns casos, em uma linha de montagem, por exemplo, o homem que simplesmente aperta um parafuso precisa ter a ideia do produto final, do que está ajudando a montar. Assim, também, cada tarefa na vida é abençoada pelo Senhor, na medida em que estamos nos ocupando de alguma coisa útil, enquanto muitos desperdiçam o tempo "jogando conversa fora". A satisfação da tarefa realizada, do dever cumprido, ainda que remunerada com baixo salário, deve ser motivo de orgulho pessoal, mesmo que outros não reconheçam e até desmereçam o trabalho.

Dessa forma, dedique-se a cada coisa que faz. Se a retribuição não é compensadora, continue trabalhando e procurando outra atividade que melhor lhe apeteça. A pior coisa que pode acontecer a um servidor é viver eternamente se lamentando e não trocar de emprego, nem mudar de atividade. Se o indivíduo se acha mal reconhecido, deve lutar por algo melhor. Se dali não pode sair, por algum motivo, deve lutar pela melhoria, mas trabalhando com toda a dedicação possível. Preencha seu tempo de forma proveitosa, ao menos para satisfação pessoal.

8. VIVA COM UM MÍNIMO

Há uma corrente crescente, nos Estados Unidos, de pessoas que pregam o viver com um mínimo de recursos, abrindo mão de bens denominados "de consumo", em favor da paz interior. Essa corrente é conhecida como grupo de *minimalistas*.

Com efeito, como já comentamos em outros capítulos, as pessoas se cercam, muitas vezes, de bens supérfluos, desnecessários, que acumulam ao longo da vida. Despendem tempo, dinheiro e contrariedade para adquiri-los e conservá-los.

No geral, o homem precisa de bem menos do que tem para sobreviver, e, em alguns casos, não ter muito o que guardar é motivo de paz interior e autorrealização. Como Sidarta Gautama, o Buda, que abriu mão de toda riqueza familiar e saiu pelo mundo. Ou Francisco de Assis, "pai dos pobres", desprendido dos bens materiais.

Em verdade, o ser humano trava verdadeiras lutas pela posse de bens materiais. Mas, na realidade, esses bens é que possuem o homem e este detém apenas a sua posse ou domínio. A sua propriedade fica para os sucessores ou para o Estado. Tem, apenas, portanto, o uso e fruição dos mesmos. O gozo eventual. E não é a melhor riqueza a amealhar, posto que a traça pode consumir e os amigos do alheio levar.

A verdadeira riqueza é a que pode acompanhar o homem além-túmulo. Mas, para não ficarmos no terreno metafísico, a melhor riqueza é a que pode produzir, no homem, sua paz, pois não há felicidade sem paz.

Assim, façamos um retrospecto do que pretendemos na vida e eliminemos o supérfluo, arregimentando bens de que possamos usufruir eternamente. Bens imorredouros. Bens, inclusive, que possamos passar para os nossos pósteros: a riqueza moral e espiritual.

A sociedade cria necessidades para o homem. Lembremo-nos de que o Evangelho ensina que Jesus Cristo não tinha nada seu, materialmente.

O dramaturgo William Shakespeare, lembrando da espiritualidade e da necessidade da sobriedade na vida, escreveu: "Sofremos demasiado pelo pouco que nos falta e alegramo-nos pouco pelo muito que temos."

9. ACALENTE PROJETOS PLAUSÍVEIS

Na mesma linha de raciocínio do tema anterior, os sonhos hão que ser dentro de certos parâmetros do possível, do realizável.

Se projetarmos um sonho muito alto, acima das possibilidades, inalcançável, certamente isso será motivo de inquietação, de ausência de paz.

Ao contrário, se limitarmos os desejos ao possível, atingível, não só o conseguiremos, pois "querer é poder", como até poderemos obter ajuda para conseguir o desiderato.

A ambição desmedida é causa de alucinações. O desejo exagerado e incontido de obter cada vez mais é causa de perturbações infinitas.

A satisfação pode dar-se, muitas vezes, com a obtenção de pequenas vitórias, singelas conquistas.

Os valores que ornam a personalidade de forma indelével são as conquistas do espírito, da honra, do caráter, da disciplina, da família, da misericórdia, da caridade, do desprendimento, da solidariedade, dentre tantos outros.

Jesus Cristo legou-nos um Código de Ética, verdadeiro *vade mecum* para a vida, não só ensinando, mas sobretudo exemplificando até mesmo nos momentos mais difíceis de sua passagem pela vida material. Foi um bom filho, bom irmão, bom amigo.

Basta cumprirmos à risca seus ensinamentos, o Evangelho do Senhor, que estaremos harmonizados com a vida, com nossa consciência e com Deus.

10. AME TAMBÉM OS ANIMAIS

Muitas pessoas preenchem a solidão com a adoção de animais de estimação: gatos, cães, pássaros etc. Tais pessoas têm uma natural inclinação para dedicar-se a algo ou alguém, ainda que animais, dispensando a estes grande afeto, que diríamos mesmo ser de ordem divina. Também há a necessidade de sentir-se amado, e esses seres, reconhecidamente, sabem ser gratos aos que lhes afagam, demonstrando carinhosamente a alegria pelo dono.

Brigitte Bardot, a famosa musa do cinema francês dos anos 60, chegou a ter dezenas de gatos sob seus cuidados. Outras pessoas possuem verdadeiros "orfanatos" para animais. Inclusive existem cemitérios particulares para bichos de estimação.

Pesquisa da Universidade Estadual de Nova Iorque, em Buffalo, Estados Unidos, informa que 97% das pessoas ouvidas disseram que seus animais de estimação fazem com que elas deem, pelo menos, um sorriso por dia. Setenta e seis por cento acreditam que seus bichos aliviam de alguma forma seu estresse. Pessoas que têm cachorro procuram menos o médico em relação às que não têm. Proprietários de animais de estimação apresentam uma probabilidade 15% menor de sofrer de hipertensão do que pessoas que não têm animais.

Há uma natural interação entre dar e receber amor ou afeto. E os animais sabem preencher tal necessidade.

Constatamos, assim, que o ser humano é muito frágil, carente. Sua felicidade está umbilicalmente ligada à possibilidade de amar e ser amado.

Portanto, dê amor aos animais, mesmo que não os tenha em sua própria casa.

11. ENVELHEÇA COM SABEDORIA

Pessoas há que não sabem envelhecer. Lutam desesperadamente contra os sinais do tempo, as rugas, pálpebras caídas, celulites, cabelos brancos. E às vezes se deprimem, chegando até ao suicídio em alguns casos. A vida possui alegrias em cada fase. Na infância, com os folguedos. Na juventude, com os amores, o despertar da puberdade. Na maturidade, com as benesses do trabalho e sua retribuição, com o casamento e os filhos, ainda que felizes também sejam os que não venham a casar-se ou ter filhos, visto que sabem encontrar alternativas na adoção, nas atividades filantrópicas, na sublimação do sexo, dedicando-se a obras meritórias ou a misteres religiosos. Finalmente, na velhice, na satisfação de ver os filhos encaminhados, nas alegrias com os netos. Ou, ainda, nas lembranças do passado, fotografias, visitas etc. Dessa forma, vivendo bem cada momento, não se terá frustrações por algo que deixou de fazer.

Quase sempre somos injustos conosco mesmos, e até com o Criador, alegando que nada temos ou que nada somos. Em alguns casos, por exemplo, oramos para pedir mais e mais e esquecemos de agradecer a saúde, quando a muitos falta, ou o trabalho, quando muitos perambulam desempregados e disso amargam, sem saberem buscar a utilidade do serviço desinteressado até que arrumem um trabalho formal.

Se fizermos um exame acurado, correto, de nossas vidas, saberemos recolher momentos deliciosos de que não nos olvidamos. Aliás, a mente tem um mecanismo psicológico para fazer esquecer os maus momentos. É uma defesa do organismo.

A velhice pode ser um repositório de bons momentos, mas também pode ensejar a busca do preenchimento do tempo dedicando-se a atividades ou serviços, assistenciais ou filantrópicos. Quem enxuga as lágrimas do próximo não tem tempo de curtir as suas.

Assim, saiba envelhecer com sabedoria.

12. SEJA FILANTROPO

Algumas pessoas não sabem encontrar um sentido para a vida. Julgam-se sós, deprimidas, desesperançadas. Não sabem aceitar, por exemplo, o casamento e a saída do lar dos seus filhos e aí entram em solidão depressiva.

Outras, que tiveram suas energias voltadas para os ganhos materiais, a fama ou o poder, não sabem achar-se desprovidas desses atributos efêmeros.

No decorrer da vida, muitas coisas vêm e vão embora. Só o que fica são as experiências, as conquistas do Espírito. Essas ninguém saca de nosso poder. São aquisições imorredouras, que nos acompanharão por todo o sempre.

Saber amealhar esses valores é uma sabedoria, que se não é inata à evolução do ser, vem com o tempo, quando aprendemos, inexoravelmente, a emprestar valor às vivências.

Alguns acreditam que atividade assistencial é tarefa para mulher, ou para religiosos tão somente, ou ainda para tolos que nada têm o que fazer na vida. A verdade é que o serviço desinteressado, filantrópico, em qualquer setor da vida, seja o serviço religioso, cooperativo, desportivo, enfim, de qualquer natureza, é bom para satisfação do ego e harmonia da autoestima. Clubes de serviço, como Rotary e Lions, são preenchidos por pessoas que estão bem empregadas, têm razoável salário, possuem família, mas, mesmo assim, sentem necessidade de doar-se. O mesmo ocorre quanto à Maçonaria e outras instituições semelhantes.

Então perguntamos: o que impele essas pessoas a buscarem os serviços assistenciais ou de utilidade pública? A mesma força do amor, que apaga a multidão dos nossos erros, como dizia Mahatma Gandhi.

Dessa forma, por mais pobre que você se considere, por mais desprovido que seja, sempre há algo para dar, um serviço para oferecer.

Portanto, um dos segredos para a felicidade plena é: **engaje-se em um trabalho voluntário.**

13. PRATIQUE EXERCÍCIOS

Algumas pessoas sentem necessidade de se exercitar. Seja para queimar calorias, para divertir-se com os esportes ou por estrita recomendação médica, a fim de prevenir problemas cardiovasculares, pressão alta, colesterol elevado e triglicérides. Enfim, corrigir ou prevenir problemas de saúde.

A atividade física contribui com valor muito maior para o bem-estar e a felicidade. Elimina toxinas, energias concentradas nos músculos enrijecidos pela tensão. Favorece as pessoas a saírem um pouco de si mesmas, olhando o ambiente, conversando com outras pessoas e participando de atividades em grupo.

Nem sempre os métodos são os mesmos. É preciso escolher o seu: cavalgar, caminhar, andar de bicicleta, correr, jogar bola (futebol, basquete, vôlei). Vamos lá. Exercitar-se é bom para o físico e para a mente.

Diz-se que o ócio é a mãe de todos os vícios. Quando nada fazemos, o pensamento voa e, muitas vezes, pensa o que não deve. Preenchido o tempo adequadamente, não sobra espaço para nos sentirmos sós, inúteis. Mesmo que não possamos nos exercitar por algum problema físico ou patológico, praticar atividades caseiras dentro do possível aliviará o estresse. Arrumar a casa, contribuir para a limpeza, tomar conta dos animais, zelar pelo jardim. Enfim, cada um deve descobrir a sua tarefa, realizando-a quando possível.

Tal atividade deve ser exercida mesmo que não haja reconhecimento ou agradecimento. A satisfação, no caso, é pessoal. Não se deve fazer nada na vida à espera de agradecimento. Fazemos porque queremos, como disse Jânio Quadros: *"Fi-lo porque qui-lo"*. Devemos realizar, apenas isso. Nos "autogratificarmos" por termos produzido algo de útil. Entregarmo-nos à sensação do bem feito.

Portanto, saia da inação e faça algo, por mais simples que seja, mas faça!

14. OCUPE-SE E LIBERTE-SE

Com o suor do próprio rosto realizamos nossas obras. *"Faze por ti que te ajudarei"*. O **trabalho** enobrece o homem e nos dá direito ao **lazer**, ao relaxamento. Ninguém pode viver só de trabalho, em compulsão febril. Há que ter momentos de lazer, pois o corpo físico, que abriga nossa alma, também necessita do merecido **repouso**.

Então, para maior felicidade, o ser humano precisa enfeixar em si três momentos: trabalho, lazer e repouso. Tudo isso sob o pálio da religiosidade, auspícios de um Ser Superior que governa e dirige nossas vidas. O que fazemos é abençoado por Deus.

Assim, se acreditamos que estamos sempre apoiados, ajudados por um Ser Superior, sentimo-nos fortes, e felizes pelo que fazemos.

Sabedores que nunca ficamos ao desamparo e que essa força superior nos envolve, acalmando as inquietações que possam ocorrer, fortalecemos o ânimo, que fica inquebrantável, sejam quais forem as circunstâncias. Como os cristãos de outrora que, dirigindo-se ao suplício da arena, onde seriam submetidos aos ferozes leões, caminhavam entoando cânticos, corajosos, destemidos e nem estavam àquele tempo imbuídos das ideias da imortalidade, nos termos postos pelos espíritos a Kardec, em 1857.

A religiosidade completa o círculo de vida, pleno, integral, que nos propicia a felicidade desejada e as maiores expressões da religiosidade e de Deus são o Amor, a misericórdia, o perdão, o coração puro e limpo, a simplicidade e a humildade.

Em resumo, o homem pode ser feliz no plano terreno, embora ainda sofra as injunções do planeta em seu atual estágio, mas certamente terá a felicidade plena no plano espiritual, devendo estar preparado para o novo reino de luz e de paz que se avizinha.

15. ACREDITE NA JUSTIÇA DIVINA

A lei dos homens está naturalmente sujeita à falibilidade humana. Conquanto os magistrados, promotores, procuradores, defensores e delegados de polícia se aperfeiçoem cada vez mais, sempre pode restar um caso não julgado ou apurado satisfatoriamente. Outras vezes, crimes ou infrações permanecem impunes, gerando descrédito no sistema judiciário. Muitos, então, se lamentam, julgando-se injustiçados. Pessoas há que acham ter seus direitos preteridos, ocasionando insatisfações e até tristezas.

Entretanto, há uma lei infalível, a de causa e efeito, pela qual respondemos por nossos atos na medida de nossa culpa, do que pagaremos até o último ceitil, nos termos do Evangelho, como condição *sine qua non* para ingresso nos reinos do céu, visto que "*há muitas moradas na casa do meu Pai*", como acentuou Jesus.

O Juízo Final reside no exame da consciência, na submissão à purgação dos débitos através de sucessivos processos reencarnatórios, procedimentos de autorregeneração mediante a Misericórdia Divina, que põe a nosso alcance a possibilidade de encararmos e assumirmos, nós mesmos, os procedimentos liberatórios das culpas.

Ainda que Jesus tenha dito "*atire a primeira pedra quem não tiver pecado*", acrescentou a Madalena: "*vai e não peques mais*", sugerindo uma mudança de conduta, como pedagogo por excelência que era.

Assim, ao se sentir infelicitado por alguma ingratidão, maldade ou injustiça, creia que não haverá impunidade, no plano divino, respondendo, cada um a seu tempo, pelas ações. "*Aquele que for humilhado, será exaltado, os que choram, serão consolados, bem-aventurados serão os aflitos. Bem-aventurados os que têm sede de justiça, porque serão fartos. Bem-aventurados os perseguidos por causa da justiça, porque deles é o Reino dos Céus*". (Mateus, V. 6 e 10).

Dessa forma, embora não precisemos ser estoicos, suportando o peso de aflições se desnecessário o suplício, devemos ter paciência, resignação e confiança na Justiça

Divina, que não falha. Lembremo-nos que podemos estar sendo vítima agora de imperfeições do passado, sendo-nos dado o "frio conforme o cobertor", na medida da nossa necessidade de evolução e progressos e da nossa capacidade de suportar o jugo, que "*é suave*", não superior às nossas forças.

Conclusão, padecemos consoante nosso carma, mas somos dotados de livre-arbítrio para mudar o curso das coisas. Esses dois vetores, **carma** e **livre-arbítrio**, representam o sistema de evolução e progresso que dirige nossas vidas.

III Parte

Serve ao próximo, tanto quanto puderes.

Segundo a espiritualidade, a arte de manter a saúde e viver em paz consiste em levar uma vida de fraternidade e amor ao próximo. Como dizia o missionário da fraternidade Francisco de Assis, é dando que se recebe, portanto é servindo que se é servido.

Outro baluarte da arte de bem viver foi Martin Luther King Jr., que nos legou essa preciosidade de regra:
"Nós aprendemos a voar como os pássaros e
a nadar como os peixes, mas não aprendemos
ainda a arte de viver como irmãos."

Saúde e vida

O CORPO HUMANO É O instrumento concedido pelo Criador que permite ao homem evoluir, submetendo-se às vicissitudes da vida corpórea.

Por isso ele deve ser protegido, preservado, e não só das intempéries, a partir da evolução e dos progressos da sociedade organizada, que criou roupas, calçados, agasalhos, moradias e propiciou mecanismos de defesa do organismo, através da descoberta de vacinas e remédios que previnem as doenças e igualmente promovem a cura, posto que não há doenças, mas doentes.

Dessa forma, a cada dia, novas descobertas ensejam maior longevidade. Inventos científicos e medicamentos que previnem e curam, a fim de que o Espírito habite um corpo são. *Mens sana in corpore sano*, diz o brocardo latino.

A seguir, ao lado da identificação dos fatores biopsico--moral-espirituais, situaremos, diretamente, alguns itens que devem ser observados para se preservar e manter a saúde do corpo físico:

- Alimentação
- Água

- Respiração
- Sol
- Exercícios físicos
- Repouso
- Higiene

ALIMENTAÇÃO

Carnes – A carne de animais sacrificados para a alimentação humana contém toxinas. Mormente a carne vermelha mal cozida. *"O homem alimentou-se mais de vegetais do que de outros produtos"*, diz Dr. Deodato de Morais. *"Todas as carnes são substâncias cadavéricas, elementos em putrefação"*, afirma dr. Domingos D´Ambrósio.

Mesmo a carne assada na grelha contém uma quantidade de benzopireno correspondente a 600 cigarros, conclui o famoso cancerologista italiano dr. Carlo Sirtori, Diretor da Divisão de Anatomia Patológica do Instituto de Tumores de Milão, segundo dados da Organização Mundial da Saúde.

A própria estrutura da arcada dentária vem passando por mutações, indicando que o ser humano vem perdendo dentes, os caninos vêm desaparecendo, ficando cada vez menor a boca humana, o que demonstra que o homem vem deixando de ser carnívoro.

Se não se pode abandonar de todo, imediatamente, a carne, pelo menos deve-se diminuir seu consumo, que inclusive produz colesterol.

Carnes magras devem ser a melhor opção. Carnes brancas, as preferidas. A carne de frango deve ser consumida sem pele. E os peixes, com mais frequência. Os japoneses, que são o povo que mais consome carne de peixe *per capita* no mundo, possuem a maior longevidade do planeta.

"*Convencei-vos de que o regime vegetariano, bem compreendido, conserva a juventude*", diz Dr. Victor Pauchet.

Fibras – Há necessidade de ingerirmos o chamado "volumoso", composto basicamente de fibras. Seu efeito é muito saudável nos intestinos, limpando as alças e reentrâncias, purificando o sistema digestivo. Os alimentos de origem animal refinados, sem fibras, dificultam a digestão.

A alimentação contemporânea é pobre em fibras: chocolate, café, carnes, ovos, queijos, óleos, farinha de trigo, arroz branco, açúcar refinado, leites, pão branco, dentre outros.

A gordura de origem animal é saturada, responsável por grande parte das doenças degenerativas, como câncer e diabete.

A alimentação ocidental é como um assassino silencioso. Vai minando, aos poucos, as reservas de vida. Entope as artérias, produzindo gorduras e gerando placas de colesterol, que se agregam às paredes internas dos vasos, reduzindo a circulação sanguínea e, consequentemente, acarretando pressão arterial elevada, que pode redundar em enfarto ou derrame.

Ao contrário, deve-se preferir frutas, verduras, raízes (tubérculos, como inhame, aipim e banana da terra), reduzindo o pão francês, tão apreciado, mas que em muitos casos é repleto de bromato de potássio, o que lhe dá uma aparência maior.

As verduras cruas são melhores que as cozidas, posto que o calor lhes retira certas propriedades, como as enzimas, que são catalisadores biológicos, segundo Dr. Richard Brennan, essenciais à vida.

Todos os produtos nutricionais de que o organismo

carece, vitaminas, minerais, proteínas, gordura saudável, aminoácidos, enzimas, carboidratos e ácidos graxos, são encontrados nas frutas e vegetais.

Deve-se comer pouco, não se empanturrar, deixando uma leve sensação de fome. Alimentar-se com mais frequência. Evitar o estômago repleto, posto que dificulta a digestão. Não ingerir água durante a refeição, pois reduz a ação do suco gástrico, responsável pela transformação e metabolismo dos alimentos. Prefira beber – e se deve em cerca de sete litros diários, em média – nos intervalos das refeições. Um hábito saudável é beber um copo com água antes de deitar-se e outro ao acordar, pois ajuda a limpar o estômago.

Uma boa mastigação favorece a insalivação, pois a digestão inicia-se na boca. Deve-se saborear os alimentos. Ver e pensar no que se está comendo. Cuidar dos dentes e verificar se há uma boa oclusão, isto é, se eles cumprem bem seu papel. Não esquecer de escová-los após as refeições, retirando partículas que podem ali remanescer, apodrecer e produzir mau hálito. Inclusive escovar a língua, pois nas papilas, células sensoriais que permitem a gustação, acumulam-se micro-organismos responsáveis pelo mau hálito.

ÁGUA

A água é um dos elementos químicos essenciais na natureza. O corpo humano contém 60% de água. Para consumo, ela deve ser filtrada e, se possível, submetida a eletrólise, processo eletroquímico presente em aparelhos modernos, que elimina micro-organismos.

Deve-se beber água com mais frequência. Há algumas pessoas que esquecem-se de fazê-lo, simplesmente.

A ingestão regular de água melhora o trabalho dos rins na limpeza do organismo, além de prevenir a incidência dos indesejáveis cálculos renais.

Beber água de coco gelada ao acordar ajuda a alcalinizar o ambiente estomacal, geralmente quente e ácido, prevenindo gastrites e úlceras.

A água é um tônico imunológico, favorece o trabalho dos glóbulos brancos na defesa do organismo, produz a limpeza do aparelho digestivo e fortalece a circulação sanguínea. Um simples banho frio de manhã excita os vasos sanguíneos, tendo efeito tonificante. Um banho morno à noite favorece o relaxamento dos vasos e um sono reparador.

RESPIRAÇÃO

Por simples que pareça, muitas pessoas não sabem respirar. Têm os pulmões com utilização reduzida. Oxigenação diminuída.

Respirar significa inspirar e expirar o mais profundo que se puder. Encher realmente os pulmões de ar. Devemos acostumar-nos à prática da respiração. Mormente no horário matinal, e durante ou após os exercícios físicos. Inspirar fortemente pelo nariz e expirar lentamente pela boca.

A natação também favorece, prevenindo e corrigindo problemas respiratórios, mormente na criança, além de aumentar a capacidade da caixa torácica, alargar as espáduas e afastar os ombros, permitindo melhor trabalho pulmonar. Sem falar-se na estética, pois evita aquele corpo "fino" ou curvado. Quem não dispõe de uma boa praia ou lago para a prática saudável da natação, ao menos uma vez por semana? Além disso, a imersão favorece o relaxamento dos vasos sanguíneos e da tensão dos músculos. Também melhora a postura da coluna vertebral, cujas vértebras precisam movimentar-se, lubrificar-se.

SOL

A luz do sol exerce um poder muito grande sobre todas as coisas na face da Terra. Nos vegetais, realiza a fotossíntese, liberando o oxigênio de que tanto precisamos. Atuando sobre o corpo humano, fixa as vitaminas e fortalece os ossos, prevenindo osteoporose. Nas sementes, produz a germinação, ao lado da água, favorecendo o milagre da vida. Sem a luz solar a vida não seria possível.

Sua importância para o ser humano é tanta que os presidiários são obrigados, por lei, a tomar banho de sol por, ao menos, quinze minutos por dia.

Entretanto, a exposição demorada ao sol, mormente nos horários de pico, entre 10 e 16 horas, pode ocasionar lesões na epiderme, queimaduras e até mesmo câncer de pele. O melhor horário para expor-se ao sol é antes das dez da manhã e depois das quatro da tarde. Convém proteger a pele, principalmente nas regiões do nariz, ombros e cabeça. O uso de cremes e protetores solares reduz a incidência direta dos raios de sol, prevenindo doenças de pele.

EXERCÍCIOS FÍSICOS

Estudo da Universidade de Michigan, nos Estados Unidos, realizado com nove mil pessoas entre 50 e 60 anos que fazem atividade física regularmente, demonstra que o risco de morte nos oito anos seguintes é 35% mais baixo que entre os sedentários.

O sedentarismo é causa de muitas doenças. Dizemos

mesmo que o ócio é a geratriz de todos os vícios. Ao contrário, a atividade física melhora a circulação sanguínea, fortifica o coração e libera substâncias químicas necessárias à harmonia do corpo e da mente, prolonga a vida, lubrifica as articulações e favorece a boa respiração. Movimento é vida. Entretanto, tudo deve ser moderado, disciplinado, acompanhado de uma avaliação prévia das condições físicas antes de entregar-se a exercícios estafantes.

Uma caminhada, com aumento progressivo de tempo, até atingir-se uma boa performance, evita incidentes indesejáveis. Os músculos se revigoram. Toxinas são eliminadas pelo suor. O cérebro se oxigena. Acalma-se o sistema nervoso central. Elimina-se a obesidade. Combate-se a flacidez. Destrói-se a celulite. Diminui-se em até 20% a incidência de câncer. Controla-se o estresse. Combate-se a hipertensão. Favorece-se a autoestima.

REPOUSO

O repouso também é essencial. O homem necessita, em média, de 8 horas de sono. À medida que envelhece, tal necessidade diminui um pouco. O sono reparador é o tranquilo, em silêncio. Preferentemente à noite, conforme o relógio biológico, embora se possa educar horário de sono conforme nosso nível de atividade.

Durante o sono damos uma trégua no esforço muscular, em tarefas do coração, que reduz os batimentos. Descansamos a coluna vertebral. O organismo realiza verdadeira faxina. Também sonhamos, ocasião em que um mecanismo psicológico atua, realizando coisas que em estado desperto não conseguiríamos efetivar. Enquanto o corpo repousa, o Espírito se afasta um pouco, refazendo e retemperando as energias em contato com o mundo espiritual, com outros espíritos, ou realizando tarefas, fazendo visitas, recebendo conselhos e orientações dos guias e mentores espirituais.

Um sono mal dormido pode acarretar irritabilidade, baixa produtividade no trabalho, pouco rendimento escolar. Também diminui a capacidade muscular, reduz a perceptividade, a sensibilidade e o tempo de reação, favorecendo acidentes.

Dificuldades do sono podem ser resolvidas com um bom exercício durante o dia, seguido de alimentação leve, um banho morno, uma leitura edificante e elevada. Enfim, uma preparação para uma atividade importante da vida: o repouso.

A forma ideal de se dividir o dia é: oito horas para trabalhar, oito para recrear e oito para repousar. Pode haver intervalos para repouso durante o dia, que serão compensados com a redução do repouso noturno.

HIGIENE

Higiene física – Necessária ao bem-estar. Uma pessoa suada, suja, desleixada, sente um natural mal-estar. O banho renova as energias e deve ser tomado preferentemente frio ao acordar e quente antes de repousar. Cabelos cortados e unhas aparadas são atributos do homem civilizado. Embora alguns possam criar cabeleiras, desde que bem-cuidadas, como fazem as mulheres. Cabelos sujos e desgrenhados são campo propício para doenças. Lavar as mãos antes das refeições, mais que sinal de boa educação, é salutar prática de higiene pessoal. O microscópio ensejou internalizar a ideia de que há seres vivos que não enxergamos a olho nu, mas que estão presentes em tudo.

Higiene espiritual – Aqui se compreende a higiene moral. *Mens sana in corpore sano.* Bons pensamentos alimentam corpos sadios. Deve educar-se a mente para alimentar apenas boas ideias, que sejam construtivas, edificantes, solidárias, misericordiosas e caridosas. Ideias assim aumentam a autoestima e favorecem a vida. Por outro lado, ideias negativistas, pessimistas e derrotistas são campo natural para as doenças. É necessária uma religião, pois, afinal, Deus existe em tudo na vida. Os homens que creem são mais felizes. Também os que oram são mais imunes às doenças. Os poderes da fé e da cura saíram do altar das igrejas e habitam as mesas da ciência.

A QUÍMICA DO CORPO HUMANO

A **endorfina** é um poderoso analgésico, muitas vezes mais forte que a morfina. É produzida quando nos achamos em estado de felicidade, de relaxamento – o chamado "estado alfa" –, no hipotálamo, região cerebral abaixo do tálamo, sendo fabricada a partir da melanocortina. Estimula os glóbulos brancos, eficazes no combate às infecções.

Já a **adrenalina** é segregada pelas glândulas suprarrenais, que são do tamanho de um caroço de feijão e repousam acima dos rins. Junto com a cortisona, tem a função de preparar o organismo para enfrentar uma situação de estresse ou de perigo. Ingressa automática e rapidamente na circulação sanguínea, aumentando o tônus muscular e, logo, reduzindo o calibre das artérias, aumentando a tensão arterial com vista a um esforço esperado ou a uma situação de perigo detectada, muitas vezes, abaixo da linha do consciente. O ódio, o rancor, a mágoa, a ira, a inveja, a desconfiança, o medo, a ansiedade, o remorso e as preocupações em geral são geradoras de despejo de adrenalina na corrente sanguínea. Pessoas submetidas constantemente à adrenalina têm a vida encurtada, pelo desgaste natural do organismo. É um efeito colateral, como demonstra um estudo da Universidade de Harvard, nos Estados Unidos. Os antídotos são a fé, a solidariedade, o perdão às ofensas, a bondade, a simplicidade e a humildade. Enfim, a aplicação do Evangelho, que é um santo remédio.

FRUTAS – VERDURAS – ERVAS – MEL

O poder curativo das frutas, verduras, ervas e mel saiu do campo das crendices e hoje habita as universidades. Afinal, é na biodiversidade que os laboratórios farmacológicos buscam o preparo de suas cápsulas curativas, e o Brasil é o campeão mundial da biodiversidade. Suas florestas são visitadas, pesquisadas e até exploradas.

"Há mais coisas entre o Céu e a Terra do que possa imaginar a nossa vã sabedoria". (Shakespeare)

FRUTAS

Abacate – Reduz a prisão de ventre e combate os problemas digestivos. Ajuda no tratamento de reumatismo, gota, problemas nos rins, fígado e pele. O chá da folha é diurético, elimina gases e provoca ou restabelece a menstruação.

Abacaxi – Diurético, ajuda a eliminar gorduras e a combater o colesterol. Útil nas afecções da garganta. Trata a prisão de ventre, ajuda o trabalho do fígado e as funções digestivas. Combate anemia e enfermidades da bexiga, próstata e uretra.

Ameixa – Combate a prisão de ventre crônica. Combinada com suco de limão é afrodisíaca. Ajuda a eliminar a debilidade cerebral. Depura o sangue.

Amora – Expectorante, calmante, refrescante, laxativa, diurética e hipertensora.

Araçá (goiaba) – Excelente para controle da diarreia. Ajuda no funcionamento dos rins. Combate o inchaço das pernas e dos pés.

Banana – Um dos alimentos mais completos e menos valorizados, tanto que quando algo custa pouco, dizemos que está "a preço de banana". Ótima para combater diarreia. A seiva da casca elimina verrugas.

Caju – A seiva colhida das folhas novas ajuda na cicatrização. Rico em vitamina C.

Carambola – Baixa a pressão arterial. É calmante e sonífero.

Coco – Seu óleo é considerado dos melhores para a perda de peso. A água de coco é diurética, favorece a bexiga, elimina cálculos e reduz a acidez do estômago. É oxidante, mineralizante, reduz a febre e é depurativa.

Figo – O látex é eficaz contra dor de dente. O suco, se consumido em jejum expulsa vermes. Macerado de figo, sal e vinagre combate a caspa, aplicação tópica.

Fruta-pão – Laxante. O chá de suas folhas combate corrimentos vaginais, ingerida ou banhado o local.

Graviola – Rica em vitaminas, combate diabete, colesterol e reumatismo. Ajuda a emagrecer.

Jenipapo – Contém ferro. Combate anemia e cura vômitos da gravidez. Sua raiz é purgativa e seu suco, diurético.

Jaca – Nutritiva. Reduz a tosse. O chá de suas raízes auxilia nos tratamentos de asma e diarreia.

Laranja – Refrescante, diurética, estomacal. Ajuda na digestão das carnes. Combate gorduras e o colesterol. Excelente para febres. Reduz a acidez. Boa para a flora intestinal.

Lima – Combate a acidez, a gastrite e a úlcera. É diurética. Ajuda em casos de dermatose e reumatismo. A infusão da casca favorece o trabalho do coração.

Limão – Melhor antibiótico natural que existe, se combinado com alho e cebola macerados. Bom para a assepsia do trato digestivo. Previne infecções respiratórias e intestinais. Ótimo para os gados bovino, ovino e caprino, no coxo misturado à ração, além de relativamente barato. Combate verminoses.

Maçã – Devido ao tanino, é ótima para o sangue. Ajuda no tratamento de reumatismo, gota, artrite e doenças do trato urinário. É boa para o estômago e corta as disenterias.

Mamão – Rico em vitaminas, principalmente A e C, é ótimo remédio para o estômago e intestinos. Alivia a prisão de ventre e evita as dispepsias estomacais. Os caroços são ótimos vermífugos, evitam câncer e tuberculose. O mamão evita diabete e icterícia. O "leite" do mamão verde ajuda a eliminar verrugas e calos.

Manga – Diurética. Boa para as vias respiratórias (catarro e tosse). Combate anemia e intestino preguiçoso. Recomendável para quem tem hipertensão.

Maracujá – Calmante e sedativo. Combate dores de cabeça e reumatismo.

Marmelo – Recomendável para quem tem digestão lenta, sofre de vômitos crônicos ou estômago fraco. Combate febres e diarreias.

Melancia – Poderoso diurético. Lava o estômago e intestinos. Boa para as vias urinárias. Ajuda a combater o ácido úrico. Obtém-se melhor resultado medicinal mediante o consumo isolado.

Melão – Bom para enfermidades ulcéricas e do ovário, posto que elimina coágulos, combate inflamações e irritações. Cicatrizante. Recomendável para quem tem menstruação difícil. Deve ser consumido isoladamente para melhor efeito medicinal.

Morango – Evita cálculos renais, combate vermes, catarros dos pulmões e afecções hepáticas. Combate anemias, cálculos biliares e vesiculares.

Pera – O melhor remédio para a tensão arterial. Diurética, depura o sangue. Combate prisão de ventre, enfermidades intestinais e da bexiga.

Pêssego – Recomenda-se aos que padecem de diabete, gota e tuberculose. Estanca hemorragias se os caroços moídos são aplicados no local. Bom para hemofílicos.

Pinha – A fruta, a casca e o tronco são bons para diarreia. O chá das folhas combate as cólicas.

Romã – Oxidante e mineralizante muito saudável. Os caroços (sementes) moídos servem para os olhos (glaucoma). Também é boa para infecções da garganta, se gargarejada, além de inflamações intestinais, hemorroidas, febres, cólicas, dispepsias.

Tamarindo – Das folhas se prepara excelente vermífugo. O fruto é laxativo.

Tangerina – Combate arteriosclerose, gota, reumatismo, edemas, fibromas, lipomas, miomas, neuromas, quistos e ácido úrico.

Uva – Combate problemas do fígado. Boa para os rins. Os flavanoides das uvas de cascas escuras evitam os radicais livres, reduzindo o envelhecimento. Excita as funções do pâncreas. Indicada nos casos de câncer.

VERDURAS E LEGUMES

Abóbora – Suas flores e folhas são boas para erisipela e para caroços que se abrem em feridas. As folhas maceradas servem para queimaduras. As sementes, em emulsão, ajudam nas inflamações do tubo digestivo, bexiga e uretra. A seiva combate verrugas. A polpa interrompe hemorragias uterinas, diarreia e malária.

Acelga – Trata das inflamações dos nervos, do estômago, diabete, asma, doenças do fígado, cólicas hepáticas e renais, reumatismos e úlceras. Combate a prisão de ventre quando consumida com azeite de oliva.

Agrião – Bom para os pulmões e as enfermidades dos rins (areia e pedras). Combate o reumatismo e a perda de apetite.

Alcachofra – Remédio indicado em face da insuficiência hepática e renal, pancreática e do fígado. Ajuda na hipertensão arterial. Cura enfermidades urinárias. Combate anemia, raquitismo e obesidade. O sumo das folhas, combinado com cebola, alho e limão, é excelente para sífilis e males da próstata.

Alface – Sedativo excelente. Sonífero e calmante. Diminui a libido. Combate a asma, a tosse e a tuberculose.

Alho – Combinado com limão, combate os vermes. É um ótimo antisséptico. Antibiótico excelente. Combate infecções. Reduz o cólera, os cálculos renais, o diabete, as doenças hepáticas, a sífilis e o reumatismo, a hipertensão arterial. Macerado com cebola, é um ótimo analgésico, devendo-se, após, escovar os dentes para evitar o forte cheiro.

Batata-inglesa – Rica em sais e potássio. Seu suco batido combate mau hálito, úlceras e gastrite.

Berinjela – Oxidante, alcalinizante, mineralizante e calmante. Combate o mau colesterol e reduz a ação das gorduras sobre o fígado. Combate inflamações dos rins, bexiga e uretra, inclusive a blenorragia. As folhas podem ser usadas em emplastos, contra queimaduras e abscessos, furúnculos, impigens.

Beterraba – Reduz a anemia aguda e a previne. Combate reumatismo e artrites. Fortalece os tendões. Estimula os tecidos cerebrais e do coração. Favorece o organismo contra as infecções. Combinada com cebola, cura as enfermidades da tireoide.

Cebola – Purifica o sangue. Usada nos casos de mordidas de cães raivosos. Recomendada contra a lepra, picadas de mosquitos e paralisias. Auxilia nos cânceres, tuberculose e sífilis. Seu suco com água combate a gangrena. Ralada e amassada com limão, é boa contra bronquite e qualquer enfermidade respiratória.

Cenoura – Combate a cegueira noturna. Recomendada na anemia. Diurética, combate também reumatismo, gota e prisão de ventre. Favorece a lactação das nutrizes e gestantes. Vitalizante, reduz a estafa. Ajuda as funções hepáticas.

Chicória – Antifebril. Desobstrui os ovários e reduz a artrite. Ajuda nos tratos urinários, na cura das hemorroidas. Purifica o estômago e os rins. Poderoso laxante. Combate os vermes intestinais. Favorece as funções do fígado.

Couve – Trata as disenterias. Ajuda nos cálculos renais e artrites. Limpa os intestinos, combate úlcera gástrica, ictericias e hepatites. Cura a anemia. O suco esfregado combate queda de cabelo. Beber o suco do talo ajuda a combater o alcoolismo.

Espinafre – Laxante, oxidante, mineralizante, calmante, antianêmico, tônico oftálmico e linfático. Previne a formação de cálculos, a inflamação das gengivas, os catarros intestinais e as diarreias.

Feijão – Riquíssimo em ferro. Combate a anemia. Com limão, combate o reumatismo. As vagens verdes são excelentes para inchaços, indigestão e flatulência. Deve-se evitar seu consumo à noite.

Pepino – Poderoso diurético. Ajuda no crescimento dos cabelos, aplicados com suco de cenoura, alface e espinafre. O suco é bom para reumatismo. A infusão da casca serve para as cólicas.

Quiabo – Refresca os intestinos e é laxante. Deve ser comido tenro (novinho).

Repolho – O suco estimula o crescimento dos cabelos, quando friccionado o sumo ao couro cabeludo. Rico em vitaminas, sais minerais e potássio, além de cálcio, fósforo e ferro. Bom para desnutridos e anêmicos. Cura enfermidades do estômago. Melhor se comido picado, em saladas. As folhas curam nevralgias faciais e dentárias.

Salsa – A infusão das raízes combate a micção dolorosa. Combate a blenorragia. O suco das folhas com mel favorece a cura da asma, catarros e rouquidões. O suco em fricção combate as sardas e manchas de pele. Combate hemorragias nasais. Deve ser evitada por lactantes e gestantes.

Salsaparrilha – Altamente depurativo, serve para colesterol, ácido úrico, ureia, sífilis e psoríase.

Tomate – Depurativo e alcalinizante, cura infecções da garganta e enfermidades da pele. Rodelas de tomate maduro sobre os tumores favorecem a cura.

ERVAS

Absinto – Faz descer a menstruação; vermífugo.
Agoniada – Combate a inflamação do útero, ovários e menstruação difícil.
Alecrim – O chá desperta o apetite. Aplicado em ferimentos, tem efeito cicatrizante e combate a sarna. Misturado com óleo de camomila, combate a coceira.
Alfafa – Trata a falta de apetite e o raquitismo Contém proteína de alto valor nutritivo. Ajuda na osteoporose e colesterol.
Alfavaca – Cura afecções da bexiga. O chá é diurético e expectorante.
Alfazema – O chá de suas flores e folhas auxilia em casos de dor de cabeça, nevralgias, insônia, nervosismo e má digestão.
Angélica – Seu chá cura histeria e fortalece o estômago.
Angico – É depurativo. Combate diarreia, disenteria, gripes, hemorragias uterinas e gerais.
Arnica – Ajuda a tratar traumatismos, reumatismo, artrite, artrose, dores e paralisia.
Aroeira – Balsâmica, trata problemas nas vias urinárias e respiratória (dores na garganta), furúnculo, contusões e icterícia.
Arruda – Combate piolho e coceira. Seu chá reduz dores de cabeça.
Assa-peixe – Suas flores e folhas combatem a tosse e a rouquidão. Também é bom para os cálculos renais.
Babosa – Funciona como cicatrizante para feridas e furúnculos, que devem estar bem limpos antes da aplicação. Favorece o combate às afecções do couro cabeludo (aplicação local), vitalizando o cabelo.

Barbatimão – Ingerido, auxilia em casos de cólica menstrual, blenorragia, diarreia, hemorragias, urticária, inflamações do útero e dos ovários. Externamente, age sobre úlceras. É o mais poderoso purificador do sangue. Também elimina coceiras e brotoejas.

Bardana – Laxante. Desintoxicante, elimina ácido úrico e colesterol.

Boldo-do-chile – Hepatoprotetor, ureia, ácido úrico e exalato de cálcio.

Cabelo de milho – Combate a "dor nas cadeiras". Ajuda os rins. Elimina cálculos.

Calêndula – Regula a menstruação e combate cólicas menstruais. Cicatrizante, deve ser aplicada em feridas, queimaduras e micoses.

Cama do brejo – Trata infecções na bexiga, cálculos renais, cistite, uretrites e leucorreia.

Camomila – O aroma ajuda no sono. O chá acalma a tosse e reduz a cólica nos bebês.

Cânfora – Se friccionada no peito, acalma a tosse. Auxilia também nas contusões e picadas de insetos (quando friccionado no local).

Cardo-santo – Combate feridas e inflamações da pele.

Capim-santo – Diurético, sonífero e poderoso calmante.

Carqueja – Estimula a digestão. Rico em ferro. Produz emagrecimento. Boa para o fígado.

Castanha-da-índia – Combate má circulação, flebite, varizes e hemorroidas.

Catuaba – Afrodisíaco e energético, também combate a falta de memória.

Cavalinha – Revitalizante e diurética, ajuda no combate ao ácido úrico e na circulação, hipertensão e problemas renais.

Chá-verde-banchá – Elixir da juventude, previne câncer, rico em vitaminas.

Chapéu-de-couro – Diurético, digestivo, ajuda no colesterol, diabete, erupções cutâneas, gota, ácido úrico.

Dente-de-leão – Depurativo, desintoxicante, hepático, fortificante.

Erva-doce – Diurética e expectorante. Combate cólicas e gases intestinais. Repõe hormônios, sendo indicada em casos de distúrbios hormonais, menopausa (mulher) e andropausa (homem).

Espinheira-santa – Cicatrizante.

Eucalipto – Balsâmico, expectorante e sedativo. Desinfeta as vias respiratórias.

Girassol – Combate febres de ordem pulmonar, dores de cabeça e febres malárias.

Guaçatonga – Cicatrizante, auxilia no tratamento de gastrite, úlcera, picadas de insetos, coceira, aftas, herpes e mau hálito.

Guaco – Expectorante, é recomendado em casos de tosse, bronquite, inflamações da garganta e resfriados.

Guaraná – Estimulante físico e mental.

Hortelã – Macerado com alho, combate verminoses. Seu chá é calmante e digestivo.

Ipê-roxo – Indicado para o tratamento de arteriosclerose. Estimulante do sangue.

Jaborandi – Sudorífero, estimula a secreção salivar e os movimentos intestinais. Combate a queda de cabelo se aplicado no local.

Jatobá – Fraqueza geral. Balsâmico; bronquites, laringite, orquite; vermífugo.

Jurubeba – Hepatoprotetor. Combate icterícia, hepatite, anemia e diabete.

Levedura de cerveja – Auxilia no tratamento da anemia. Fonte de proteína, é utilizada como complemento alimentar.

Losna – Macerada e crua, em água fria, combate os males do estômago e do fígado.

Macela – Combate diarreias e colites. Bom para fígado, pâncreas, vesícula.

Malva – Combate todo tipo de inflamação, além de afecções vaginais, se ingerida e banhado o local.

Marapuama – Trata esgotamento. Afrodisíaco, combate a impotência sexual.

Mastruz – Ajuda em casos de contusões, machucados e torções, devendo ser ingerido e aplicado no local em forma de emplasto.

Melissa – Hepatoprotetora, cardiotônica e calmante. Cura gastrites crônicas.

Menta – Estimulante cardíaco, sedativo, analgésico estomacal e intestinal.

Mil-folhas – Analgésica, febrífuga, bactericida. Auxilia no período da menopausa.

Miraruira – Indicada para portadores de diabete.

Mulungu – Sedativo, serve para insônias crônicas, alcoolismo, asma e hepatite.

Nó-de-cachorro – Afrodisíaco e estimulante, cura impotência.

Nogueira – O chá da folha elimina dores crônicas da coluna.

Óleo-de-copaíba – A aplicação tópica nas feridas e ulcerações ajuda na cicatrização, coceira, impigens e eczemas. Os índios usavam na cicatrização do umbigo dos recém-nascidos. Internamente cura orquites e cistites. Facilita a micção.

Pata-de-vaca – Acalma a tosse e é expectorante. Estimula as funções digestivas e biliares.

Picão – Indicado nos casos de icterícia, hepatite, boca amarga, bronquite e asma. Uso externo e interno.

Quebra-pedra – Combate afecções das vias urinárias, cálculos renais e hepatite B.

Stévia – Substitui o açúcar, sendo indicada para os diabéticos.

Umbaúba – Antiespamódico e vermífugo. Combate diabete, bronquite e tosse.

Unha-de-gato – Auxilia no tratamento de processos inflamatórios, amidalite, artrite, reumatismo, rinite e abscessos cutâneos.

Valeriana – Sedativa. Trata a tensão pré-menstrual (TPM), perturbações da menopausa, histeria, insônia e estresse.

Velame – Depurativo. Indicado para escrofulose, eczemas, artritismo, reumatismo e sífilis secundária.

A FORÇA CURATIVA DO MEL

Ao serem abertas, recentemente, algumas catacumbas ou túmulos milenares em pirâmides do Egito, foram encontrados, junto aos sarcófagos onde repousavam múmias de antigos faraós, potes intactos contendo mel. A própolis contida no mel conservara o produto, dado seu elevado poder bactericida. Tanto é assim, que as abelhas utilizam a própolis para vedar as frestas das colmeias.

Estudos químicos encontraram uma multiplicidade de efeitos curativos no mel de abelha. Ótimo para a saúde, deve ser ingerido regularmente. Diurético, laxante, antisséptico e calmante, é bom para as afecções respiratórias, o trato digestivo, úlceras, laringites, faringites e debilidades orgânicas. Não engorda, nem produz cáries. Não é proibido a diabéticos. O mel com própolis é facilmente encontrado em farmácias, sendo recomendado no tratamento de tosse e resfriados.

Não há grande distinção entre méis de abelhas italianas, urucus e de outras nativas, mais conhecidas. As italianas, ditas africanizadas, ou *apis melífera*, pois dotadas de ferrão, sobrevivem melhor e se multiplicam com mais facilidade. O mel puro, de boa qualidade, costuma empedrar, devendo ser submetido ao banho-maria para voltar ao estado líquido. Não se deve levar mel ao fogo.

CAFÉ

Descoberto por uma caravana de árabes, que resolveu colocar os frutos vermelhos para ferver e experimentar a bebida, popularizou-se no mundo inteiro, que tem no precioso líquido momentos de confraternização e espairecimento. O hábito ampliou-se da vida noturna e conquistou a intelectualidade europeia. Johann Sebastian Bach, em 1732, reverenciou a bebida com uma cantata *Kaffee-Kantate* (Ah, como é doce seu sabor). Wolfgang von Goethe (1749-1832), escritor alemão, foi grande bebedor de café, estimulando o médico Ferdinand Runge a descobrir a cafeína.

Hoje um bilhão de pessoas bebe café regularmente. Estudos do prof. Roland Griffiths, da Universidade John Hopkins, de Washington, Estados Unidos, propõe no *Manual de diagnóstico de doenças mentais*, a bíblia dos psiquiatras, que o uso imoderado e descontrolado de café seja considerado um vício. A cafeína, presente no café, é um estimulante. Se ingerida continuadamente, mais de 200 miligramas diários, o equivalente a quatro cafezinhos, pode levar, em sua ausência, a quadros críticos semelhantes aos de abstinência de drogas, com dores de cabeça, fadiga, excesso de sono, diminuição de energia e da sensação de bem-estar.

Sim, pode viciar. Mas tanto quanto outros "vícios", como chicletes, algodão doce ou pipocas. O Papa Clemente VIII, em 1600, em face da preferência de consumo pelos infiéis turcos, pensou em proibir o café, mas, antes, pediu uma xícara, para experimentar. Achou tão bom que o abençoou.

Gosto à parte, deve-se consumir com moderação, pois o organismo não deve ser bombardeado continuadamente com estimulantes.

IDOSOS

Um capítulo à parte merecem os idosos. A população mundial se apresenta cada vez mais longeva. Por conta da cura das doenças endêmicas, da profilaxia (com as vacinas), da melhor qualidade na alimentação e medicação e do avanço da medicina, os idosos serão maioria em curto prazo. Há toda uma preparação para conviver e proteger os idosos, com a existência de programas sociais, turísticos, de previdência, universitários, esportivos e de lazer voltados para eles.

A geriatra Mariana Jacob dá alguns conselhos importantes. Diz que há causas hereditárias para as enfermidades. Assim, deve-se auscultar de que morreram os ancestrais, e tomar alguns cuidados. A medicina avança, com o mapeamento do genoma, a identificação do mapa genético e das doenças e a intervenção nos cromossomas desde o nascimento, interferindo no DNA, na busca de soluções que previnam doenças como o mal de Parkinson, Alzheimer e diabete, por exemplo.

O idoso deve fazer bem a sua parte, preocupando em alimentar-se frugalmente, ter sono reparador, fazer esforço comedido, realizar atividades sociais (como conversar) e interagir com o ambiente, não somente recebendo estímulos, como assistir à TV, mas participando, verdadeiramente, em festinhas e eventos. Deve também associar-se aos grupos da terceira idade onde melhor se identificar, mastigar adequadamente, fazer reposição hormonal, educar a respiração, tomar banhos de sol de maneira controlada, manter a higiene pessoal adequada, fazer visitas regulares ao médico e ao dentista e usar remédios de maneira moderada e disciplinada.

VÍCIOS SOCIAIS

TABAGISMO – ÁLCOOL – DROGAS LÍCITAS
Tabagismo – O fumo causa um enorme prejuízo à saúde do fumante e dos que o cercam. Prejudica não só os pulmões (enfisemas), reduzindo a capacidade respiratória e sobrecarregando o coração, mas produz o estreitamento das artérias, ocasionando lesões irreversíveis pelo endurecimento das paredes, como menor fluxo de sangue, derrame cerebral e enfarto do miocárdio. O governo já se convenceu de que gasta muito mais com as internações hospitalares do que ganha com os impostos incidentes sobre a indústria do fumo. As pessoas fumam cada vez menos. Acabou o modismo dos jovens. As mulheres, que adquiriram um novo espaço na sociedade ocidental, disputando com

os homens o mercado de trabalho, acusam um aumento nos índices de fumantes, mas logo elas também se adequarão. Cuidadosas, lembrar-se-ão dos filhos e demais crianças fumantes passivas. Pesquisa recente detectou 23% de substâncias cancerígenas produzidas pelo fumo no sangue das crianças que conviviam com fumantes. Sem falar-se no cheiro desagradável, nas incidências de doenças crônicas, particularmente respiratórias e nas abstenções e até fugas do ambiente de trabalho para uma "tragadinha", posto que é proibido fumar em ambientes coletivos fechados.

Álcool – Dados recentes indicam que dentre os 30 mil mortos por ano no trânsito do Brasil, 92% apresentavam álcool ou drogas na corrente sanguínea. O Código de Trânsito Brasileiro proíbe dirigir com 0,06 de álcool por litro de sangue. Na maioria dos países ocidentais, esse limite é mais restrito. O álcool é considerado uma droga lícita, para os que dizem beber socialmente, mas seus malefícios são reconhecidos pela comunidade médica. A médio e longo prazo, o álcool produz danos irreparáveis ao organismo, sendo causador de cirrose hepática, redução da massa corporal e absenteísmo, além de violência urbana e familiar.

Drogas lícitas – Os tranquilizantes e entorpecentes, produtos controlados, tarja preta, receitados para pacientes com distúrbios da personalidade, depressões, ansiedades, psicoses e patologias diversas, acarretam dependência químico-orgânica. As pessoas têm dificuldade em libertar-se. São bilhetes de viagem sem volta. As pessoas perdem a autoestima. Tornam-se antissociais. Há perdas enormes. As causas são as mais diversas. Algumas de difícil etiologia e cura, mas deve-se buscar tenazmente libertar-se das drogas, por mais lícitas e inofensivas que pareçam. Fazer um esforço. Procurar na religião, nos esportes, nos exercícios, uma ajuda substancial, além de reposição química que eliminem as causas das doenças e psicopatias. Buscar alternativas. Não se entregar docemente aos enlevos dos dopantes. Tentar, com a família, soluções alternativas.

IV
Parte

A solidariedade que deve transformar a Terra

Segundo Allan Kardec, em **O Evangelho segundo o Espiritismo**, é a vivência da moral cristã que vai tornar os homens irmãos, solidários entre si:

"Cristo foi o iniciador da moral mais pura, mais sublime. Da moral evangélica cristã, que deve renovar o mundo, reaproximar os homens e torná-los irmãos; que deve fazer jorrar de todos os corações humanos a caridade e o amor ao próximo, e criar entre todos os homens uma solidariedade comum. Enfim, de uma moral que deve transformar a Terra, e fazer dela uma morada de Espíritos superiores aos que hoje a habitam. É a lei do progresso, à qual a natureza está submetida, que se cumpre, e o Espiritismo é a alavanca da qual Deus se serve para fazer avançar a humanidade".

E o médium baiano Divaldo P. Franco, falando sobre viver melhor, nos ensina: "Os solitários, quando se tornam solidários, diminuem as próprias aflições."

I

Melhor-idade: viver melhor

ALGUMAS DICAS:

1. **Não permaneça viúvo** – Estatísticas dos Estados Unidos indicam que os viúvos que permanecem viúvos terminam a vida material mais cedo. Se solteiro, divorciado, separado ou viúvo, **procure uma cara-metade**. O homem não nasceu para a solidão. De outra forma, busque preencher sua vida com um trabalho assistencial, filantrópico ou religioso digno.

2. **Demonstre suas emoções** – Estudos universitários na Inglaterra detectaram que pessoas espontâneas, que expressam seus sentimentos e choram quando necessário, têm vida mais saudável e mais longa. Seja homem: **chore**.

3. **Programe-se** – Tenha horário para cada coisa. Não faça atividade física fora do horário ou por tempo excessivo. Programe suas atividades, trabalho, exercício, sexo, lazer. Seja comedido. **Organize-se**.

4. **Seja fraterno** – A solidariedade faz bem. Quem ama vive mais. Segundo a revista *Psychology Science*, dar apoio físico ou emocional a outra pessoa reduz em até 60% o risco de morte prematura no idoso. **Seja solidário**.

5. **Rir é o melhor remédio** – O riso dilata os vasos e aumenta o fluxo sanguíneo. Reduz os níveis de adrenalina e cortisol na corrente sanguínea. Aumenta a liberação de endorfina. A Universidade de Vanderbilt, nos Estados Unidos, concluiu que dar boas risadas queima calorias. Portanto, **sorria e viva melhor**.

6. **Limpe os dentes** – Estudos da Universidade de Harvard, nos Estados Unidos, concluíram que dentes bem limpos reduzem em 72% a incidência de doenças cardiovasculares. Escove bem os dentes, usando **fio dental** para retirar impurezas que fermentam e emprestam odor desagradável à boca. Limpe também a língua, pois esta retém resíduos alimentares, produzindo mau hálito e, consequentemente, baixa autoestima.

7. **Fume menos e viva mais** – Fumantes vivem, em média, dez anos menos que os não fumantes. Noventa por cento dos casos de câncer e neoplasias no Brasil estão ligados ao uso do tabaco, que afeta profundamente o sistema circulatório, aumentando a pressão sanguínea. **Pare de fumar** enquanto é tempo.

8. **A fé cura** – Pessoas dotadas de algum tipo de fé vivem mais, suportam melhor a dor e as doenças, combatem o estresse e a solidão. A fé ajuda a resolver os problemas emocionais e existenciais, e **remove montanhas**.

9. **Alimentação frugal** – Deve-se comer moderadamente. Deixar uma sensação de fome ao terminar uma refeição ajuda a digestão, o bom funcionamento da máquina digestiva e favorece a longevidade. Jesus nos dizia que o que nos faz mal não é o que entra pela boca, mas o que sai, referindo-se ao que falamos, o que pensamos. Mas é preciso "**segurar o garfo**".

10. **Parques** – Busque uma **moradia tranquila**, longe

do burburinho da cidade, preferentemente cercada pela natureza.

11. **Verde** – Prefira alimentos de cor verde-escura, como brócolis, rúcula e espinafre, pois são ricos em ácido fólico. Os vermelhos também são bons: cenoura, tomate, mamão, abóbora. **Muita salada e pouca carne**, este o segredo.

12. **Ative sua mente** – O *New England Journal of Medicine* declara a leitura, os jogos de cartas e de tabuleiro, além das palavras cruzadas, como importantes na redução do risco da demência em pessoas com mais de 75 anos. Exercite sua mente todo o tempo. Leia. Reveja nomes e telefones de amigos. Telefone. Comente as notícias do jornal e da TV. **Participe**.

13. **Alimentação variada** – Alimentar-se bem não significa comer muito. Deve-se variar os alimentos consumidos, evitando gorduras e frituras. Prefira saladas. Busque as vitaminas nos alimentos. Os suplementos vitamínicos, quando necessários, devem ser prescritos por médicos. Há algumas vitaminas que se o organismo não precisa, expulsa o excesso, mas outras se acumulam, podendo prejudicar os rins e outros órgãos auxiliares da digestão. **Selecione**.

14. **Chocolate** – Pode não ser vilão. O consumo diário de uma pequena barra de chocolate favorece os flavanoides. Prefira os do tipo meio-amargo e amargos. **Moderadamente tudo é possível**.

15. **Pescados** – Devem ser consumidos pelo menos duas vezes na semana. Dão um descanso ao aparelho digestivo. Como poderosos antioxidantes, reduzem em até 81% o risco de morte súbita no homem, segundo dados da Associação Médica Americana. **Coma mais peixe**.

16. **Sexo moderado** – A atividade sexual dá prazer e bem-estar. Libera endorfina. Aumenta a autoestima. Quei-

ma calorias. Segundo a Organização Mundial da Saúde, sexo, prazer no trabalho, harmonia no lar e lazer são os quatro pilares da qualidade de vida, mas deve ser **feito com moderação.**

17. **Otimismo** – Bastante explorado neste livro de autoajuda, a atitude otimista em relação à vida e às pessoas em sua volta pode reduzir em até 55% o risco de morte prematura. **Esteja sempre de bem com a vida**, este é o segredo.

18. **Café, almoço e jantar** – Tomar café como um rei, almoçar como um príncipe, jantar como um mendigo; eis uma boa receita de longevidade. Regule sua alimentação. **Você não é bicho.**

19. **Animais de estimação** – Na França há quase um animal doméstico para cada habitante. Bichinhos de estimação reduzem as visitas ao médico, conclui estudo da Universidade de Cambridge, na Inglaterra. O ser humano precisa de afeto, tal qual o ar que se respira. Transmitir (acariciar animais) e receber (a festa dos cãezinhos ao nos ver) carinho eleva a autoestima e cria mais uma forte razão para viver. **Ame e seja amado.**

20. **Veneno branco** – Sal de cozinha, farinha de trigo e açúcar refinado constituem-se em perigosos ingredientes no organismo humano. Elimine ou reduza a quantidade deles e terá vida mais longa. **Veja o que come, como come e por que come.**

21. **Leitura** – Nunca dispense uma boa leitura. Escolha a da sua preferência. Ouça noticiários, tanto do rádio como da TV. Informe-se. Tenha conteúdo para uma boa conversa. Mantenha-se participante na família e no grupo social onde vive. Aumente sua expectativa de vida. **Leia mais.**

22. **Azeite de oliva, peixe e saladas** – Pesquisa no conti-

nente europeu concluiu que uma boa dieta mediterrânea, composta basicamente de saladas e peixes temperados com muito azeite extra virgem, é capaz de afastar doenças como hipertensão, obesidade, diabete e mal de Alzheimer. Uma **alimentação fluida e leve** ajuda a manter a saúde.

23. **Sono reparador** – O organismo necessita de reparar as energias psíquicas e espirituais. No desprendimento do sono, o Espírito se reconcilia consigo mesmo. Refaz-se dos desgastes naturais do dia a dia. Reencontra-se com os entes queridos e espíritos amigos que nos socorrem nas aflições. O metabolismo se completa, as glândulas endócrinas completam seu trabalho. **Durma bem.**

24. **Frutas** – Vitaminas, fibras e minerais podem reduzir em até 40% o risco de câncer, segundo a OMS. Deve-se cultivar o hábito de comer frutas pela manhã, ao meio dia e à noite, em vez dos doces e açúcares que interagem com os amidos da refeição pesada, favorecendo gases. É preciso colaborar com o sistema digestivo, com os órgãos incumbidos de trabalhar os alimentos, digeri-los e assimilá-los, como pâncreas, fígado, vesícula, estômago e intestinos. É como num veículo automotor: se sobrecarregado, subindo ladeira, tem sua vida útil encurtada. **Coma mais frutas.**

25. **Visão** – Importante sentido humano, deve ser preservado cultivando-se bons hábitos que previnam doenças como catarata e glaucoma, fazendo visitas uma vez por ano ao oftalmologista. A falta de visão acarreta depressão, tristeza, solidão. **Veja bem!**

26. **Carnes** – Conquanto o homem seja originalmente carnívoro, dado os incisivos e caninos, sua boca vem passando, ao longo dos séculos, por transformações. A quantidade de dentes vem diminuindo. A boca vai se apequenando. A medicina e a antropologia demonstram isso. As

carnes, notadamente as vermelhas, são de difícil digestão e podem até acarretar câncer dos intestinos, pois aumentam o risco em 35%. Deve-se preferir legumes, saladas e carnes brancas, como peixes e frangos. **Reduzir as gorduras**. E, sobretudo, **comer pouco**, para não sobrecarregar o sistema digestivo.

27. **Exercite-se** – Da mesma forma que o ócio é o pai dos vícios, o sedentarismo é o responsável pela maioria das afecções coronarianas. O exercício regular, diário, favorece a redução do estresse, aumenta a capacidade pulmonar e fortalece os músculos do coração. **Reserve um pouco da sua energia para você mesmo**.

28. **Seja mais inteligente**. Vivemos a era do cérebro, segundo um estudo da Universidade de Iowa, nos Estados Unidos, publicado no *American Journal of Psychiatry*. A neurocientista Nancy Andreasen afirma que apenas meia hora de exercícios aeróbicos, três vezes por semana, aumenta em 15% o poder de concentração e aprendizado. Diz-se que adolescentes que fazem esportes regularmente apresentam desempenho 20% superior ao dos sedentários em testes escolares. Esclarece que adultos que caminham três vezes por semana melhoram em 15% sua capacidade de aprendizado, concentração e raciocínio abstrato, mas, conclui Alysson Muotri, neurobiólogo brasileiro do Salk Institute, da Califórnia, Estados Unidos, que o exercício tem que ser voluntário e prazeroso. Além de estimular a criação de novos neurônios, os exercícios oxigenam e mantêm o cérebro mais "plugado", assinala o psiquiatra Daniel Amem, premiado autor de *Making a Good Brain Great* ("Fazendo um cérebro bom ficar maravilhoso"), que recomenda, por exemplo, jogar pingue-pongue, ou seja, "*usar a parte de cima e de baixo do corpo*", estimulando a se-

rotonina, neurotransmissor responsável pela sensação de bem-estar.

29. **"Conheça-se a si mesmo"**, como sentenciado na Grécia antiga. Examine sinceramente suas virtudes e fraquezas. Procure domar os sentimentos inferiores que pulsam no ser humano. E cultive bons hábitos, materiais e espirituais, que o façam mais feliz, descobrindo-se, alimentando um programa pessoal de felicidade, mesmo com pequenos ganhos ou repetidas vitórias, mas que representem significado positivo para sua autoestima. *Cognosce te ipsum*.

30. **Cada caso é um caso.** A combinação de alguns desses ingredientes, conforme suas possibilidades, pode encerrar uma boa orientação para a vida, um remédio para a felicidade. O psicólogo norte-americano Daniel Gilbert, da Universidade de Harvard, e Daniel Kahnemann, da Universidade de Princeton, vencedor do Nobel de Economia, concluíram que a felicidade não é tão boa quanto se imaginava, nem dura tanto quanto se pensava. Desde a Grécia se distingue **ser** de **estar** feliz. O psiquiatra Flávio Gikovate explica que a felicidade encerra uma sensação de paz, completitude e harmonia. E conclui, em seu novo livro, pela combinação de saúde física, estabilidade financeira mínima, boa relação afetiva e integração social. Edgard Diener, da Universidade de Illinois, nos Estados Unidos, denominado "Doutor Felicidade", notou que os mais bem realizados eram os que se cercavam da família, dos amigos e, mais importante, sabiam perdoar. Eduardo Gianetti, economista, explica que o dinheiro em si não traz a felicidade, mas condições para uma pessoa se sentir feliz. O que parece consenso é o efeito positivo da espiritualização da pessoa. Estudo recente promovido pela revista *IstoÉ* conclui por uma tendência pela *"psicologia positiva valorizando as*

virtudes, os talentos, em vez de se demorar nas fraquezas de cada um".

Tudo isso, acima referido, é plenamente possível. E, quase sempre, independe de dinheiro.

Um pequeno esforço em favor de si mesmo. E de resultados duradouros, proporcionando paz e felicidade.

II

Longevidade

PESQUISA DEMOGRÁFICA realizada pela *National Geographic Society*, em parceria com a Universidade de Minnesota, EEUU, em três localidades, cujas populações foram consideradas as mais longevas do planeta — Okinawa, no Japão, ilha de Sardenha, na Itália, e Loma Linda, na Califórnia — constatou aspectos em comum entre elas, além de apresentarem quantidade extraordinária de habitantes com mais de 100 anos. Na Sardenha chega a alcançar 0,5% da população, o dobro da média da Itália.

Alguns desses aspectos referem-se ao estilo de vida adotado por seus habitantes. Tanto em Loma Linda, quanto em Okinawa e na Sardenha, os pesquisados levam vida social ativa, relacionam-se com familiares, amigos e vizinhos, consomem poucas calorias, em refeições balanceadas, ricas em frutas, legumes e verduras, mantêm-se fisicamente ativos, exercitando-se mesmo após os 80 anos. São ainda pessoas dotadas de muita fé, seguindo uma religião, ou, então, cultivam a espiritualidade por meio da meditação. E ainda têm outra virtude: não fumam.

A pesquisa constatou também um traço peculiar a esses

grupos populacionais. Em Okinawa, come-se muita carne de porco. Na Sardenha consomem-se uvas pretas. Os adventistas de Loma Linda não ingerem bebidas alcoólicas, evitando comidas gordurosas. São moderados no uso de bebidas com cafeína (o café é um estimulante muito apreciado no mundo ocidental) e alimentam-se basicamente de arroz, feijão, *tortilla* (panqueca de milho) e ovos. Assim, costumes como andar de bicicleta, cuidar de jardins e hortas ou fazer caminhadas diárias são atividades saudáveis nas populações visitadas.

Dessa forma, o conjunto dos hábitos saudáveis, além de alimentares e físicos, inclui sólido relacionamento entre vizinhos, amigos e familiares. Entre nós brasileiros verificamos, por exemplo, sem maiores pesquisas, pessoas longevas em comunidades de gente simples, como núcleos de pescadores, que, após a tarefa diária que se inicia muito cedo, divertem-se jogando dominó, damas e cartas, às vezes à sombra de um arvoredo, com vizinhos, parentes e amigos.

Jesus viveu cercado de pessoas simples, notadamente pescadores. Acompanhado da multidão, proclamava ensinamentos, sem falar das anunciadas curas ditas milagrosas, e pregava o amor ao próximo como a si mesmo. O ser humano é gregário, não nasceu para o isolamento, que não deixa de ser um ato de desamor, de egoísmo, que deve ser erradicado, de nossas vidas, com vigor e determinação.

III

Longevidade e solidariedade

SEGUNDO O DR. DAN BUETTNER, em pesquisa realizada na Universidade de Chicago, a solidão aumenta os riscos de doenças cardíacas: quanto mais solitários, mais alta é a pressão arterial. Isso foi observado nos homens e mulheres entre 50 e 68 anos.

Dentre os longevos, segundo pesquisa desenvolvida no Centro Médico da Universidade de Boston, que se propôs a avaliar o real papel da hereditariedade, dos genes, na longevidade, revelou que as relações com a família e amigos podem influenciar mais do que a própria genética. E concluiu que 30% dos fatores atribuídos à genética atinha-se ao comportamento no cotidiano. Cultivar amigos e ter boas relações familiares nas idades mais avançadas são conquistas importantes para uma vida saudável, o que estimula bons hábitos como se alimentar melhor e não fumar, ou, então, fumar menos.

Um estudo do centro médico da Universidade Rush, de Chicago, Illinois, EEUU, mostrou que pacientes com Alzheimer, que viviam rodeados por amigos, tiveram sintomas amenizados, concluindo que o bom convívio social formava uma "capa protetora".

Portanto, envelhecer com saúde implica evitar a solidão. E esta saúde conquista-se sendo mais solidário, participativo, o que inclui ir a aniversários, casamentos, batizados e até a cerimônias fúnebres, como sepultamentos e missas em sufrágio de falecidos. Essas demonstrações de solidariedade liberam substâncias químicas no organismo, saudáveis, gerando efeito muito positivo naqueles que têm fé na imortalidade da alma, na sobrevivência do Espírito ao evento morte.

A estimulação neurocerebral favorece a memória, mantém a mente desperta e ativa, inibindo ou retardando o surgimento de doenças senis. Taxistas londrinos foram considerados exemplo, dentre outras categorias de trabalhadores idosos, tais os estímulos que recebem regularmente dos seus passageiros.

IV

Longevidade e serviço

PESSOAS HÁ QUE SE APOSENTAM e ingressam num marasmo prejudicial e até muito arriscado. Param com as atividades intelectuais e mesmo físicas, a que estavam acostumados, diminuindo o ritmo cardíaco e acumulando gorduras, notadamente abdominais, a dita obesidade.

Conheci um magistrado aposentado, de saudosa memória, o dr. Humberto Machado, que assistia, gratuitamente, em sua residência, jovens em dificuldades nos desafios da carreira profissional, preparando-se para submeter-se a concursos públicos, ou na elaboração de recursos, administrativos ou judiciais, visando o ingresso nas carreiras jurídicas. Vivia cercado de jovens bacharéis e bacharelas, no seu gabinete domiciliar (em aparente desarrumação ou "bagunça organizada" como se diz hoje), atendendo a um e outro, com uma sabedoria acumulada de fazer inveja, pacientemente ditando de memória textos de petições e citações extraordinárias.

Temos certeza que isso lhe proporcionava um apurado sentimento de solidariedade, companhia quase que diária de pessoas intelectualmente preparadas, recém-egressas das universidades, uma energia saudável que muito contribuía para sua longevidade. O serviço ao próximo é um poderoso antídoto para a solidão.

Os aposentados que se prestam ao serviço de auxílio ao próximo, alongam a própria vida.

Ao dizer-se falando-se de avós, que "os filhos montam, e os netos cavalgam", retrata-se uma realidade saudável, qual seja, de prestimosamente oferecerem-se, doarem-se.

Da mesma forma, os que ao invés de se entregarem ao desânimo, alegando "sumiço" dos filhos e netos, dedicam-se às tarefas e atividades filantrópicas e assistenciais, ganham uma sobrevida livre de tristezas e de depressões, além de consumirem menor quantidade de medicamentos.

V

Longevidade e alegria

TODOS CONHECEMOS PESSOAS casmurras, arredias, enfezadas, ou de mal com a vida. Certamente, as toxinas liberadas pelo mau humor trazem mal-estar físico e emocional, de consequências imprevisíveis.

Tive um amigo na pequenina cidade de Tanquinho, interior da Bahia, cujo vigor físico e mental nos causava verdadeiro espanto, aos 95 anos de idade. Ele estava sempre alegre e sorridente, conquanto viúvo e já tendo suportado a perda de dois filhos. Seu segredo? Parece-nos que não se encerra em um único aspecto, mas na multiplicidade de comportamentos, que enumero a seguir.

Em primeiro lugar, ele lia, diariamente, como poucas pessoas fazem, mesmo nas grandes cidades, dois jornais de grande circulação. E não lia apenas a seção de horóscopo ou da programação de TV, ou páginas esportivas ou a reportagem policial. Lia as notícias políticas do País. E ainda guardava o direito da justa indignação, o que Jesus chamou "justa ira". E quase sempre tinha, na ponta da língua, os fatos mais comentados dos assuntos do Congresso Nacional e do Palácio do Planalto, como se aqueles acontecimentos lhe dissessem (e diziam, com certeza) respeito diretamente. Lia, também, revistas de grande circulação, detendo-se, igualmente, nos assuntos de interesse da Nação. Lia ao menos um livro por semana, geralmente do gênero romance, ou obras espíritas. E ainda sobrava tempo para assistir às novelas do final da tarde e início da noite, assistindo à última delas, após o jornal noticioso da TV.

Em segundo lugar, mantinha, rigorosa e disciplinadamente, alimentação frugal e ligeira, à base de legumes e verduras, com um pouco de macarrão ou arroz. Eventualmente um pudim de leite, preparado cuidadosamente por sua filha, também viúva, que lhe dedicava atenções e cuidados, sendo comedido no café da noite, não fazendo uso de bebida, fumo ou outro estimulante (café, por exemplo).

Em terceiro lugar, fazia uso, regularmente, dado a problemas com os rins, que superou tranquilamente –, de oito copos diários de água, natural, o que aumentava suas idas ao sanitário, facilitando as funções renais. E não se descuidava da higiene pessoal, demorando-se no asseio bucal e no banho cuidadoso que tomava sozinho, sem ajuda de ninguém. E ainda achava tempo para uma "caminhada" ao longo de duas salas (de leitura e de jantar), como se fizesse um pequeno *cooper* diário.

Remédios, quase não tomava nenhum, embora tivesse uma meia dúzia de netos formados em medicina. Entretanto submetia-se, disciplinadamente, aos tratamentos que eles prescreviam, quando necessário.

Mas o ponto alto da sua personalidade era a alegria. Sempre de bom humor, não se esquecia de perguntar pelos familiares dos que o visitavam. Nos seus aniversários, conquanto aparentemente solitário, o telefone não parava.

Todos queriam comunicar-se com o bom velhinho, alegre e afetuoso, que cativava os que o cercavam.

Portanto, alegria no coração, disciplina no comer e nos hábitos são remédios fáceis e ao alcance de todos.

Esse exemplo de vida pode e deve ser seguido. Abílio Santafé, quando jovem, iniciara proveitosos negócios na região do semiárido baiano, industrializando e comercializando manteiga, de forma pioneira no sertão do Estado da Bahia, distribuída com muito esforço através das incipientes estradas de cascalho, e, até, realizando exportação de sisal. E ainda achava tempo para exercer um mandato de vereador, junto à comarca de Feira de Santana.

Desencarnou cercado da admiração e estima de todos.

A alegria jovial que ele possuía fora essencial para o bem-estar do seu coração, já que "tristeza não põe mesa", como diz o velho ditado.

Estar de bem com a vida. Cultivar o sentimento do dever cumprido.

A sensação de utilidade e estima mantém a alegria íntima e a satisfação pessoal pelo que a vida nos oferece.

De tão simples e acessível que é, pode não despertar imediato interesse, posto que, em geral, somente emprestamos valor ao que demanda despesa, como se a paz e a felicidade pudessem ser compradas.

Mas a realidade científica e da experiência de vida é apenas essa. Viva intensamente. Ame seus familiares e amigos. Seja bom e prestativo. Não guarde rancor e perdoe sempre, esquecendo eventuais ofensas. Seja feliz!

O homem é um ser espírito-neuro-biológico, pois das criações da mente ou psique decorrem através das glândulas, a partir da pineal, reflexos ao corpo físico.

V
Parte

Casamento

NESTA SEGUNDA EDIÇÃO resolvemos acrescentar um capítulo especial dedicado ao casamento. É que "a pátria é a família ampliada" (*c'est la patrie amplifieé*). Portanto, a célula da sociedade.

Assim os romanos dogmatizaram o casamento, impondo palavras sacramentais, a Igreja Católica revestiu-o de laços fortificados, impedindo, o quanto pôde, o divórcio, buscando emoldurá-lo em armadura de aço, impenetrável aos avanços da modernidade, na tentativa de manter estável o grupo social.

Assim é que, até bem pouco tempo atrás, os países de predominância católica apostólica romana mantinham-se imunes à possibilidade de divórcio. Hoje quase todos os países o admitem.

Nós, os espíritas, adotamos a postura de que, quando não mais subsiste a *affectio uxoris*, a afeição conjugal, e quando as discrepâncias descambam para o desrespeito, com reflexos na educação dos filhos, é preferível encerrar a relação conjugal, e, até, reiniciar uma nova convivência mais harmoniosa.

A nossa experiência de educador, escritor e palestrante, e, mais recentemente, como advogado da área de família, nos permite tecer alguns comentários.

CASAMENTO E FELICIDADE

A longa experiência de vida, aliada ao trato, como advogado de família, nos confere o ensejo de identificar grande parte dos motivos para as desavenças entre casais.

Boa parte se detém no sexo, em que os parceiros, invigilantes, abrindo campo à concupiscência e à sensualidade, permitem-se levar pela infidelidade ou pelo ciúme atormentador, que gera desequilíbrios e mina a confiança entre cônjuges.

Aliado a isso, a ascensão da mulher, na vida social e profissional, oportunizou-lhe concorrer, em pé de igualdade, com o homem (em geral machista e dominador) no mercado de trabalho, fazendo-a apresentar-se, lado a lado, com o companheiro do lar, nas questões de família, na educação dos filhos, nas escolhas e aquisições, nas definições do lazer. Enfim, igualou-a, aos homens, em direitos e deveres.

Para manter saudável o casamento, sugerimos alguns comportamentos, como receita de paz e felicidade aos cônjuges:

1) Compreender o outro, aceitá-lo com suas virtudes e fraquezas, no limite do razoável, constitui lição de sabedoria.

2) Exigir do outro aquilo que ele verdadeiramente pode dar, pois, cada pessoa tem seus limites, como diz o pensador Schumpeter.

3) Reconhecer, compreender e aceitar as diferenças individuais. Do mesmo jeito que os vegetais diferem entre si,

que os animais divergem em temperamento, o ser humano também apresenta suas características próprias. E ao aceitar-nos, um ao outro, como marido e mulher, devemos aprender a conviver com essas diferenças individuais.

4) Discutir amigavelmente os problemas: dos filhos, das despesas, da economia familiar, das mudanças e aquisições. Democraticamente ouvir a opinião do outro. Falar cada um a seu tempo. Verificar que os pontos convergentes são, na maior parte das vezes, melhores que os divergentes.

5) Encarar os fatos. Tentar mudar o que pode ser mudado, mas aceitar, resignado, o que não pode ser mudado.

6) Viver cada momento, da vida a dois, da melhor forma possível. Em cada fase da vida. Aceitando as mutações físicas e psicológicas. E até econômicas, posto que pode haver avanços, mas, também, dificuldades.

7) Ouvir pacientemente os problemas do outro, aconselhando, se possível, amenizando aspectos doridos como se apresentem, pacificando, acalmando, pois o lar é o refúgio do casal, o abrigo onde as reais vicissitudes são abertas à comiseração e ajuda do outro. O estuário natural dos problemas não resolvidos.

8) Tratar os problemas magnos da educação dos filhos, a dois. Ainda que haja desnível de escolaridade do casal, ou desnível social, ou econômico, são filhos do casal e merecem que se discuta o problema a dois. Muitas vezes de mentes "iluminadas" surgem palpites e intuições.

9) Dividir, no possível, as tarefas do lar. Quando a mulher também trabalha fora, não é justo deixá-la com a sobrecarga do lar. Não constitui demérito nem demonstração de feminilidade o exercício de tarefas domésticas.

10) Finalmente, amarem-se. Um ao outro, com verdadeiro amor. Não aquele amor frenético da juventude, com

a sofreguidão imposta pelos hormônios da lei natural de reprodução. Mas o amor-compreensão, o amor-dedicação, o amor-aceitação, o amor-ajuda. Aquele amor que ultrapassa o sinal dos tempos. Que compreende e aceita o outro com a natural perda da chamada beleza física. Lembrar-se que "seu" tempo também está passando.

PROTEÇÃO À MULHER

A Lei Maria da Penha ensejou maior rigor penal nos casos de agressões à mulher, apoiada, também, pelas novas Delegacias da Mulher.

Quanto aos filhos menores, a lei estabelece que ficam com quem tiver melhor condição para educá-los.

Pessoas do mesmo sexo podem consorciar-se e até mesmo adotar crianças. Admite-se, também, barrigas de aluguel, por via de inseminação *in vitro*.

O uso do preservativo ou "camisinha" teve ampliada sua aceitação, até mesmo, recentemente, pela Igreja Católica, protegendo-se contra as doenças sexualmente transmissíveis – DST, o que acabou reduzindo os casos de gravidez indesejável, e, destarte, os abortamentos. O sexo, com moderação, deixou de ser pecaminoso, no sentido emprestado pela Bíblia.

Conheça também:

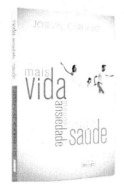

Mais vida, menos ansiedade, mais saúde
Joseval Carneiro
• Autoajuda • 14x21 cm • 216 pp.

Abordando temas atuais, como a cura de doenças, estresse, respiração, exercícios, dietas, economia doméstica, obesidade, depressão, anorexia, violência, educação e muitos outros, o autor valoriza a importância da busca pela qualidade de vida. Repleto de conselhos e dicas importantes, o livro traz ainda deliciosas histórias.

O que não disse Jesus
Joseval Carneiro
• Doutrinário • 14x21 cm • 128 pp.

Análise detalhada dos textos dos evangelistas, fazendo surgir, livre de interpolações e adulterações, a mensagem do Cristo. A exclamação do alto da cruz, no martírio supremo, as inesquecíveis bem-aventuranças no Monte ou as metáforas mais belas do Mestre ressurgem límpidas e cristalinas, neste belo livro.

O quinto mandamento
Gardênia Duarte e Joseval Carneiro
• Doutrinário • 14x21 cm • 160 pp.

Análise clara e objetiva do quinto mandamento apresentado por Moisés, abordando os aspectos médico, psicológico e legal do atentado à vida. Oferece subsídios filosóficos e antropológicos a todos os que se interessam por tão intrigantes temas – homicídio, aborto, suicídio, eutanásia e pena de morte.

Não encontrando os livros da EME na livraria de sua preferência, solicite o endereço de nosso distribuidor mais próximo de você através do Fone/Fax: (19) 3491-7000 / 3491-5449.
E-mail: vendas@editoraeme.com.br – Site:www.editoraeme.com.br

DO MESMO AUTOR:

SEJA FELIZ AGORA

14x21cm | 184 páginas

A ingratidão encerra uma tendência de nos sentirmos insatisfeitos com o presente. A cada capítulo deste seu novo livro, Joseval Carneiro nos convida a sermos felizes agora, encontrando a satisfação em viver como filhos de Deus. Abra a sua mente e o seu coração e aceite este convite: seja feliz agora!

AGORA EU SEI

14x21cm | 232 páginas

Qualidade de vida e muitos outros assuntos de grande interesse são abordados ao longo deste livro, onde o autor lembra-se de oferecer uma terapia espírita, sempre baseada nas obras de Kardec, para amenizar as vicissitudes desta existência com vistas à vida imortal do espírito.

PÍLULAS DE SAÚDE ESPIRITUAL

14x21cm | 200 páginas

A ideia da dupla de experientes autores é oferecer mais que um livro de autoajuda: pautados em experiências próprias e em pesquisas, pensamentos e impressões desenvolvidos por grandes nomes da filosofia e da psicanálise, convidam os leitores a desenvolverem o pensamento crítico, aprendendo, com isso, a atuar de forma mais salutar em seu cotidiano, em suas relações.

O QUINTO MANDAMENTO

14x21cm | 160 páginas

Análise clara e objetiva do quinto mandamento apresentado por Moisés, abordando os aspectos médico, psicológico e legal do atentado à vida. Oferece subsídios filosóficos e antropológicos a todos os que se interessam por tão intrigantes temas – homicídio, aborto, suicídio, eutanásia e pena de morte.